믿음과 신뢰로 이끌어가는

# 무간섭 경영

THE HANDS-OFF MANAGER

The Hands-Off Manager

© 2007 Published by Career Press, 3 Tice Rd.,

Franklin Lakes, NJ 07417 USA USA. All rights reserved original English language

publication by Career Press USA. Korean translation rights arranged with Career Press

USA and For Book Korea through PLS Agency Seoul.

믿음과 신뢰로 이끌어가는

# 무간섭 경영

## THE HANDS-OFF MANAGER

스티브 챈들러 · 듀웨인 블랙 지음 | 양영철 옮김

for book

믿음과 신뢰로 이끌어가는
# 무간섭 경영

**초판 1쇄** 2009년 5월 7일

**지은이** 스티브 챈들러, 듀웨인 블랙
**옮긴이** 양영철
**펴낸이** 계명훈
**기획·진행** 권무혁
**마케팅** 함송이
**경영지원** 이나영

**디자인** Design Flat(02-337-9597)

**펴낸곳** for book
**주소** 서울시 마포구 공덕동 105-219 정화빌딩 3층
**판매 문의** 02-753-2700(에디터)
**등록** 2005년 8월 5일 제 2-4209호

**값** 16,000원
**ISBN** 978-89-93418-10-1  03320

조지 아다일에게 이 책을 바칩니다.

우리가 소위 '경영'이라 일컫는 많은 전략과 방법들로 인해

사람들은 일을 더 복잡하고 난해하다고 느낄지도 모른다.

– 피터 드러커 Peter Drucker –

# 결과를 위해 일한다는 것은 이론이 아니라 현실이다

행복의 비결은 '당신은 무엇이 될 것인가' 라는 말 속에 담겨 있다.

— 앨런 왓츠 Alan Watts —

나는 오랫동안 기업과 개인이 성공할 수 있도록 훈련하고 지도하는 일을 해 왔다. 그러나 내 모든 경력을 통틀어 듀웨인 블랙처럼 강인하고 유능한 리더를 만나본 적이 없다.

그가 몸담고 있는 선코개발SunCor Development 사는 미국 남서부 지역에 많은 사람들의 영혼을 빼놓을 만큼 아름다운 주택단지를 조성해 왔다. 이러한 눈부신 성공을 이해하려면 먼저 듀웨인 블랙에 대해 알아볼 필요가 있다.

듀웨인은 사람들에게 강렬한 인상을 심어주는 동시에 부드럽게 사람을 관리하는 재능을 갖고 있다. 그는 간섭하지 않으면서도 매우 공정한 방법으로 부하직원들이 프로젝트를 성공시킬 수 있도록 이끄는 노하우를 갖고 있었다. 이를 옆에서 지켜보고 있노라면

경이롭다는 생각이 들 정도이다. 왜냐하면 그는 사람들에게 세세하게 지시하지 않으면서도 그들의 열정을 이끌어내기 때문이다. 게다가 그의 주변에는 늘 사람이 모여든다.

그는 회사의 핵심 리더들을 교육하기 위해 워크숍을 진행하거나, 개발 비즈니스를 위해 장거리 여행을 떠날 때마다 나를 부르곤 했다. 나는 그의 초대에 응할 때마다 꼭 한 가지 이상씩을 배울 수 있었다. 이를 테면 내가 그와 그의 회사 사람들에게 강의하는 것 이상을 늘 배우고 돌아왔다는 표현이 더 정확할 것이다.

그는 단지 발상만 트인 무간섭형 관리자가 아니었다. 자신의 이 새로운 개념을 실제적으로 적용할 수 있는 능력을 가진 사람이었다. 그래서 나는 그와 함께 있는 아주 사소한 시간조차 그에게서 배우는 기회를 놓치지 않으려고 애를 썼다. 한번은 그가 개인용 경비행기에 나를 태우고 유타 남부에 있는 개발 지역으로 데리고 간 적이 있었다. 나는 비행기로 이동하는 동안 내내 그의 리더십에 관한 이론을 들으려고 몰두하고 있었다.

그의 생각은 이론에 그치지 않았다. 매우 실용적이고 실제적이며, 현실적으로도 늘 적용할 수 있다는 점에서 매우 훌륭한 것이었다. 그의 이론들은 유타 주뿐만 아니라 아리조나 주, 뉴멕시코 주에서도 통했으며, 이 책을 읽는 독자들도 어디서든 이 이론을 적용할 수 있다는 확신을 가지게 되었다.

독자 여러분들도 충분히 적용할 수 있다고 확신하는 이유는 거기에 있다. 나는 오랜 기간 동안 내가 지도하는 관리자들과 개인 사업가들에게 무간섭주의 경영 원칙을 강조해 왔다. 나는 듀웨인의 방식으로 사람들을 가르쳤고, 사람들은 이 이론을 적용하여 비즈니스에서 생산성을 높이고 이윤을 극대화하여 성공적인 결과를 이끌어냈다.

이 이론들은 단순한 이론이 아니다. 어떤 상황에도 적용할 수 있는 이론이다. 나는 최근에 출간한 저서들을 통해 그가 거둔 성공사례들을 자주 언급했었다. 하지만 대부분은 약간의 힌트만을 제시한 정도에 지나지 않았었는데, 이 책에서는 독자들을 위해 그의 모든 성공사례들뿐 아니라 경영과 리더십을 발휘하기 위해 지금 당장이라도 적용할 수 있는 원칙과 방법들을 모두 제시하였다. 듀웨인의 관리 이론 묘미는 어떤 형태의 리더십에도 똑같이 적용할 수 있다는 점이다. 또 회사에 국한되지 않고 가정이나 공동체, 기관 그리고 기타 조직에도 폭넓게 적용할 수 있다.

나는 한동안 매주 일요일 아침마다 일찍 듀웨인의 집을 방문했다. 거기서 그의 생각을 녹음하고 경험을 들으며 함께 토론하면서 시간을 보냈다. 우리는 세밀하게 준비한 목차를 바탕으로 리더십의 원칙을 어떻게 현실에 적용할 것인지를 궁리했다. 그래서 이 책의 저자는 나 자신이지만, 실질적인 저자는 듀웨인 블랙이라고 할 수 있다. 나는 그와 함께 이 책을 쓸 수 있어서 매우 기쁘게 생각한다.

듀웨인은 오랫동안 선코개발 사의 COO로서 수많은 사람들과 일하며 프로젝트를 관리 감독해 왔다. 그러는 동안 선코개발 사는 크게 발전했고 매년 성장했다. 그의 관리원칙이 그런 성공적인 결과를 이끌어냈다고 나는 확신하고 있다.

듀웨인 블랙은 사람들의 내면 깊은 곳에 있는 진실을 알고 싶어한다. 그 진실은 바로 성공에 필요한 모든 것은 이미 여러분 안에 갖춰져 있다는 점이다.

스티브 챈들러

# 당신이 없어도 회사가 잘 돌아가고 있는 걸 상상해 보았는가?

누군가를 리드하는 삶과 사람들 사이에서 조화를 이끌어내는 것을

제외하며 우리가 행복이라 말할 수 있는 것이 있을까?

— 알베르 카뮈 Albert Camus

 

 

스티브 챈들러는 사람들을 자주 칭찬하는 사람이다. 그는 선코 개발 사에서 지역개발 부문과 주택건설 부문 사업의 성공을 확신 시켜 준 사람이다. 물론 단순한 신뢰를 뛰어넘어 그는 실제로 선코 개발 사의 성공에 크게 공헌한 사람이기도 하다.

나는 수 년 전에 참석한 많은 세미나를 통해 많은 것들을 배웠 고, 현재 내가 알고 있는 무간섭 경영철학과 원칙의 많은 부분들을 형성하는 데 도움을 받았다. 나는 이제 선코개발 사의 성공사례에 대한 직접적인 증인으로서 이 새로운 개념을 널리 알리고 전파하 는 일에 주력하고 있다.

이 책의 정보들은 적용 여부에 따라 상상할 수 없는 성공을 이끌

어내 줄 것이다. 혹시라도 당신이 없는 동안에 아무 문제 없이 일이 잘 진행되고 있는 모습을 상상해 본 적이 있는가? 어쩌면 당신은 그게 불가능하다고 생각할지도 모른다. 심지어 당신은 모든 일들을 철저히 관리 감독해야만 일들이 성공적으로 진행될 것이라 생각하고 있을지도 모른다.

하지만 그런 경영 방식이 당신에게 어떤 삶을 제공할까?

만약 당신의 부재가 당신이 속한 조직에게 심각한 타격을 줄 것이라고 스스로 확신하고 있다면, 아마도 당신은 이 책에서 아무런 도움도 얻을 수 없을지 모른다. 반면 당신이 훌륭하고 독립적으로 운영 가능한 팀을 구축하기를 진정으로 원한다면 이 책을 계속 읽기 바란다. 강력한 리더십이 유지되는 가운데 직원들이 계속해서 성장함으로써 그들이 성공하는 삶을 이끌 수 있도록 돕는 리더십을 얻기를 원하는가? 그렇다면 계속해서 이 책을 읽어라. 나는 이 책을 통해 당신이 그런 리더가 될 수 있도록 도와줄 수 있다고 확신한다.

오늘날 대부분의 관리자들은 개인적인 삶을 희생할 뿐만 아니라, 스트레스의 연속인 하루하루를 되풀이 하며 살아가고 있다. 이 책은 당신과 당신의 직원들에게 진정한 자유와 성공을 위한 새로운 삶을 제공하기 위해 쓰여진 것이다. 이 책에 제시하는 새로운 사고방식과 적용방법, 참신한 아이디어들을 통해 당신은 독립적인 팀을 창조해낼 수 있다. 이런 팀은 당신이 없을 때에도 마치 당신이 존재하는 것처럼 일들이 잘 돌아갈 수 있는 팀을 의미한다.

그뿐만이 아니다. 이 책을 통해 당신은 최근의 시장 흐름을 조사하고, 당신의 비즈니스 방식을 새롭게 조정하여 혁신적인 서비스를 창조해내며, 조직 내의 시스템을 지속적으로 향상시킬 수 있는 노하우를 배우게 될 것이다. 무엇보다 조직의 성공에 가장 큰 영향력을 끼치고 있는 자랑스런 당신의 모습을 발견하게 될 것이다.

간단한 질문 하나를 자기 자신에게 던져 봐라. 당신은 직원들에게 영감을 주기를 원하는가, 아니면 그들을 통제하기를 원하는가? 직원들에게 성공할 수 있는 기회를 제공하기를 원하는가, 아니면 결과가 나오도록 그들을 압박하는 자리에 있기를 원하는가? 당신의 부하 직원들 모두가 성공의 가능성을 갖고 있다는 사실을 깨닫게 된다면, 그들의 잠재력을 일깨움으로써 상상할 수도 없는 큰 성공을 이뤄낼 수 있음을 명심하자.

　이것은 내가 실제로 경험한 일들이다. 그리고 나는 지금 이 책을 통해 여러분들과 함께 그 경험들을 공유하길 원한다. 그래서 당신으로 하여금 잠재력에 대해 깨닫고, 당신의 부하 직원들이 창조해 낼 수 있는 성공을 바라보며 공유할 수 있는 방법을 깨우칠 수 있도록 돕고 싶다.

듀웨인 블랙

| 차례 |

제1장

# 진정한 권위는
# 수용함으로써 생겨난다

인생을 살다 보면 누구에게나 삶에 대한 열정을 잃어버리는 시기가 찾아오기 마련이다.

그래도 이 순간들을 극복할 수 있는 것은 우리가 주변 사람들과 만나기 때문이다.

그렇기에 삶의 활기를 찾을 수 있도록 도움을 주는 모든 이들에게

감사하며 살아야 한다.

— 알버트 슈바이처 Albert Schweitzer —

이 책의 첫머리에는 '경영이라 일컫는 많은 전략과 방법들로 인해 사람들은 일을 더 복잡하고 난해하다고 느낄지도 모른다'는 피터 드러커<sup>Peter Drucker</sup>의 말이 나온다. 이를 통해 우리는 오늘날의 경영이 무엇인가에 대해 생각해 볼 수 있다. 대부분의 많은 관리자들은 부하 직원들의 업무를 복잡하고 어렵게 만드는 경향이 있다. 이들은 자신도 모르게 직원들의 사소한 부분까지도 간섭하거나 비판적인 평가를 하면서 사기를 떨어뜨리는 것이다.

하지만 최근에는 새로운 경영혁신이 주목을 받고 있다. 이는 다름아닌 직원들에 대해 무간섭주의 원칙을 고수하는 동시에 성공적으로 일이 진행될 수 있도록 직원들의 사기를 높여주는 경영 방식이다. 우리는 이러한 혁신적인 관리자들을 '무간섭형 관리자'라고 부른다.

모든 관리자들은 대체적으로 두 가지의 커뮤니케이션 방법 중에서 하나를 택하고 있다.

- 간섭형: 비판하고 판단한다.
- 무간섭형: 상담해 주고 지도해 준다.

대개 자신이 택하는 경영 스타일은 일상생활을 통해서도 그대로 드러난다. 심지어 단 한 명의 직원과 대화를 나눌 때에도 자신이 취하는 방법으로 그 행동이 일관되게 나타나고 있음을 알 수 있다. 만약 당신이 간섭형 관리자라면, 당신의 주변에는 온통 자신을 방어하거나 변명하는 직원들 혹은 창의력이 부족하다고 판단되는 직원들이나 잦은 인사 이동을 하는 직원들로 가득할 것이다.

세세한 간섭이란 직원들을 판단하고 그들의 부족함을 찾아내려 애쓰는 것을 의미한다. 특히나 오늘날, 지식에 기반을 둔 예민한 직원들에게 이런 고전적인 관리방식을 적용하는 것은 당신과 당신 팀의 자멸을 초래하는 원인이 될 뿐이다. 이는 직원들의 분노와 반발만을 야기한다. 또한 우리가 남을 함부로 판단하고 재단함으로써 그들로부터 원한을 사게 된다면 리더로서의 권위는 크게 떨어질 것이다. 리더가 팀원들을 원망하는 순간, 그 권위는 다른 사람에게로 옮겨가기 마련이다.

리더의 진정한 권위는 판단이 아닌 파트너십에서 나온다. 무간섭형 관리자는 권력을 얻기 위해 노력하지 않는다. 그럼에도 그가 하는 말과 행동은 만나는 모든 사람들에게 자연스럽게 인정되고 받아들여진다. 이것이 가능한 관리자는 일터에서 스트레스를 받을 필요도 없다. 누군가를 함부로 판단한다면 자신도 불행해질 거라는 사실을 잘 알고 있는 사람이다. 그래서 다른 사람을 비판하려들지도 않을 뿐더러 결코 감정적으로 책임을 묻지도 않는다. 그런 사람은 잘못이나 실수에 대해 사사로운 감정을 최대한 배제하면서 책임을 조리 있게 물을 수 있는 요령을 갖고 있다.

## 진정한 권위는 파트너십에서 나온다

어쩌면 여러분들은 문제에 대한 조치를 취하지 않는 것이 오히려 더 큰 스트레스를 가져올 것이라 생각할지도 모르겠다. 그러나 사람은 그렇지 않다. 사람은 본래 그런 식으로 창조된 존재가 아니기 때문이다. 그래서 보수적인 간섭형 관리 스타일을 고집하는 사람들은 늘 스트레스를 안고 살아간다. 그리고 그들이 관리하는 조직은 어떤 화합도 이뤄내지 못한다.

만약 당신이 직원들에게 수치심과 비난을 가해 온 보수적인 간섭형 관리자라면, 이런 일들의 결과에 대해 누구보다도 더 잘 알고 있을 것이다. 당신이 차를 몰고 회사 주차장으로 들어가는 장면을 생각해 보라. 나이가 지긋한 한 사람이 당신 앞에서 천천히 차를 몰고 있는 바람에 당신은 속도를 급히 줄여야 했다. 당신의 기분은 어떻겠는가? 만약 당신이 당신 앞에서 운전하는 노인에게 짜증을 낸다면 당신은 그 순간부터 고통에 시달리게 될 것이다. 아니, 그 순간뿐만 아니라 당신에게 이런 일이 일어날 때마다 당신은 스트레스에 시달리게 될 것이다. 이런 일이 실제로 당신에게 발생하지 않더라도 당신은 스트레스를 받는다. 스트레스는 사건이나 상황보다도 당신의 생각에서 직접적으로 비롯되는 경우가 더 많기 때문이다. 당신 앞에서 운전하는 노인은 당신에게 스트레스를 줄 만한 힘이 전혀 없다. 당신은 그 사람의 서툰 운전 솜씨 때문에 자신이 스트레스를 받는다고 생각하겠지만, 실제로 당신이 스트레스 받는 이유는 그 사람에 대해 판단하는 당신의 사고에서 비롯된다.

우리는 리더로서의 권위를 갖추는 것은 물론 개인적인 행복을 동시에 추구한다. 하지만 우리는 다른 사람들을 용서하고 받아들일 수 없는 무능력 때문에 리더로서의 진정한 권위를 잃어가는 경우가 많다. 끊임없이 발생하는 스트레스의 덫에서 탈출할 수 있는 유일한 방법은 열린 마음으로 무간섭형 관리원칙을 받아들이는 것이다. 이를 통해 우리는 다른 사람들을 통제하려는 마음을 배제하고, 안 좋은 소식들을 한 귀로 듣고 한 귀로 흘려버릴 수 있는 리더가 될 수 있다. 사실 우리가 수용할 수 없는 문제들이 우리의 사고를 지배하는 경향이 있다. 그런데 우리가 그런 문제들을 무시할 수 있다면 곧바로 그런 문제들은 우리의 통제 하에 놓이게 된다. 이것이 가능하다면 우리가 가진 문제뿐만 아니라 다른 사람들의 시선에도 전혀 영향을 받지 않고 평온히 안정된 삶을 누릴 수 있게 된다. 이런 관점이 바로 우리의 삶을 무간섭형 관리자의 인생으로 전환할 수 있는 출발점이다.

당신이 이 출발점 위에 서 있다면, 부하 직원들은 당신을 폭풍 속의 등대로 바라보기 시작할 것이다. 어떤 사람이 위기에 놓여 있을 때 당신은 해결책을 찾아줄 수 있는 돌파구의 역할을 할 수 있을 것이다. 게다가 높은 생산성과 동시에 안정되고 조화로운 팀 분위기를 조성하는 진정한 무간섭형 관리자가 될 수 있다.

> 사람들을 관리하는 것은 사람이 아니다. 일이 사람들을 이끌어갈 뿐이다. 그리고 개인에게
> 무언가를 창조하고 생산할 수 있는 능력과 지식을 제공하는 것은 목표의식뿐이다.
>
> – 피터 드러커 Peter Drucker –

## 리더로서의 권위가 세워지는 출발점

당신은 무간섭형 관리원칙을 통해 당신의 권위를 되찾을 수 있을 뿐 아니라 평온하고 안정된 삶을 꾸려나갈 수 있다. 다른 사람들에 대해 판단하는 것을 피하고 열린 마음으로 자연스럽게 사람들을 받아들일 수 있다면, 당신은 활력을 되찾고 어떤 일이든 훌륭하게 성공시킴으로써 짜릿한 기쁨을 맛볼 수 있게 될 것이다.

이를 위해 당신은 먼저 진정한 자신의 모습과 잠재적인 능력을 찾아내야 한다. 우선 당신이 팀원들에 대해 행사할 수 있는 강제력에 대해서는 잊어야 한다. 당신에게 있어서 중요한 것은 당신과 부

하 직원들의 내면에 숨겨진 성공의 가능성을 이끌어내는 방법을 배우는 것이다. 이는 '내면'에 관한 일이다. 성공을 이끌어내는 힘이 내면에서 비롯된다는 사실을 깨닫는다면 당신은 진정한 의미의 권위 있는 리더가 될 수 있다.

지금 언급한 말을 정확히 뒷받침해 주는 볼프강 아마데우스 모차르트Wolfgang Amadeus Mozart에 관한 일화가 있다. 작곡가가 되기를 희망하는 한 젊은이가 모차르트에게 편지를 보냈다. 이 젊은이는 그에게 교향곡을 쓰는 방법에 대해 조언을 구하고자 했던 것이다. 그런데 모차르트는 조언을 해주기는커녕 교향곡은 매우 복잡하고 어려운 곡이니 좀 더 간단한 다른 형식의 곡들부터 시작해보는 게 어떠냐고 충고할 뿐이었다. 그래서 젊은이는 이렇게 물었다.

"하지만 모차르트 당신은 나보다 더 어린 시절부터 교향곡을 작곡하지 않았습니까?"

그러자 모차르트는 "그렇소. 하지만 나는 누군가에게 교향곡을 어떻게 작곡하는지에 대해 물어보고 시작하지 않았지!"라고 대답했다.

모차르트는 젊은이의 내면에서 꿈틀대는 교향곡의 악상이 음악으로 표현될 수 있도록 돕는 일을 단번에 거절했다. 젊은이의 내면에 존재하는 무한한 가능성을 이끌어낼 수 있는 모든 노력과 방법을 외면했던 것이다.

듀웨인이 일상생활에서만큼이나 일터에서도 자주 쓰는 말이 있다. 이는 당신의 삶에도 적용할 수 있을 것이다. 바로 "발견하라. 그러나 고치려 하지 마라."이다. 이 말을 통해 그는 직원들이 이미 갖고 있는 내면의 능력을 찾아내 외부로 표출할 수 있도록 격려하고 있다는 것을 알 수 있다.

또한 직원들은 격려에 힘입어 좋아하는 일을 발견하고 그 일을 함으로써 하루의 성공을 이뤄낼 수 있다. 부하 직원들이 좋아하는 일에 대해 관심을 갖고 찾아내려고 노력해 보라. 그리고 그들이 좋아하는 일을 할 수 있도록 돕는다면 직원들은 당신을 위해 직장에서 최선을 다할 것이다. 부하 직원들의 재능과 업무를 일치시키려는 노력은 관리자에게 매우 중요한 덕목이 아닐 수 없다. 만약 그들의 재능과 관심사를 찾아냈다면 그 일을 그들에게 맡기는 게 좋다. 그리고 가능한한 그들이 하고 싶어 하는 일을 다른 일로 대체하려 하지 말라.

어떤 업무에도 적합하지 않은 직원이 있다면 그 어떤 업무도 그에게 즐거움을 줄 수 없을 것이다. 당신은 곧 그 사람이 그 팀에 맞지 않음을 깨닫게 될 것이다. 이런 부류의 사람을 발견하게 되는 보수적인 관리자들은 이 문제를 안고 한참을 고민한다. 어떻게든 이 문제를 해결해 보려고 노력한다. 즉 이런 직원들을 뜯어고치려고 애를 쓰는 것이다. 그러면서 정말로 하고 싶어 하지 않거나 적성에 맞지 않는 일을 강요하면서 동기를 부여할 방법을 찾으려 한다. 하지만 이런 시도는 어리석은 노력에 불과하다. 직원들을 다른

진정한 권위는 수용함으로써 생겨난다

누군가로 변화시키려는 노력은 지극히 소모적인 일이기 때문이다. 간섭형 관리자들이 팀에 적합하지 않은 사람들을 고쳐보려고 애쓰는 동안, 무간섭형 관리자는 팀에 적합한 인재들을 찾으려 노력한다. 이것이 바로 성공의 열쇠이다. 다음에 나오는 배리의 사례를 참고해 보자.

배리는 가게 빚으로 인해 큰 스트레스를 받고 있었다. 그래서 어떻게든 영업부서의 팀장이 되려고 열심히 일했고 그런 노력 때문에 마침내 팀장의 자리에 오를 수 있었다.(배리는 굉장히 설득력 있고 뛰어난 커뮤니케이션 능력을 가진 유능한 사람이었다.) 그러나 팀장의 위치에 오른 배리는 얼마 지나지 않아 리더의 자리가 자신에게 적합한 자리가 아님을 깨닫게 된다. 영업사원들이 좀 더 일찍 나와서 더 많은 새로운 사람들을 만나고 열심히 일해 주기를 원했지만 영업사원들은 그런 요구를 따르지 않았다. 이에 좌절한 배리는 무간섭형 원칙을 배워보려고 부단히 애를 썼지만, 실적에 대한 압박감에서 자유로울 수 없었던 그는 끝내 지쳐버리고 말았다. 결국 나는 배리의 상사인 CEO 글렌다에게 그가 팀장으로서 부적합하다는 의견을 제시했다. 그리고 리더십 훈련이나 수행평가 등을 통하여 그를 고치려고 애쓰는 것도 헛된 노력이라고 설명했다. 그 대신에 글렌다가 직접 배리를 만나보는 게 어떻겠냐고 제안했다. 그리고 그를 영업부 팀장이 아닌 진정한 그의 모습, 즉 타고 난 영업사원의 모습으로 배리를 대해 보라고 충고했다. 글렌다는 그를 만나본 후 상급 회계 담당자의 위치에 그를 재배치했다. 그 결과 배리는 자신이 좋아하는 업무를 맡게 됨으로써 마음의 안정을 회복할 수 있게 되었다. 불과 4개월이 지났을 뿐인데 배리의 성과는 상상 이상이었다. 그의 개인적인 채무 또한 그가 일을 즐기는 동안에 어느새 다 갚은 상태가 되었다.

글렌다는 배리의 성공에 대한 본능적인 감각에 약간의 손을 댔을 뿐이었다. "발견하라. 그러나 고치지는 말아라!"라는 효과적인 방법은 우리 모두도 적용할 수 있다. 우리 자신에 대해 발견하고 우리의 진정한 모습을 세상 밖으로 드러내도록 끊임없이 노력할 때, 자기 자신을 고치려는 노력 이상으로 더 큰 성공을 이끌어낼 수 있다.


## 새로운 방향으로 전환하기


조지 아다일은 철학자이며 나와 듀웨인의 절친한 친구이다. 우리는 자주 이 친구가 여는 워크숍에 참석하곤 했다.(사실 이 책은 우리가 그에게 바치는 책이기도 하다.) 한번은 그가 워크숍 도중에 이런 말을 한 적이 있다. "이 세상에 인간이 극복할 수 있다고 말할 수 있는 것은 하나도 없다." 여기서 아다일의 말이 의미하는 바는 당신의 어떤 과거도 인생의 한 부분으로 영원히 남아 있을 수는 없다는 뜻이다. 물론 인생에서 과거를 완벽히 지워버리는 것은 불가능하다. 그렇지만 시간이 지나 당신에게 또 다른 선택의 순간이 찾아온다면 당신은 과거에 했던 선택 이외의 것을 택할 수 있다. 새로운 방법을 선택함으로써 당신은 과거가 당신에게 미치는 영향으로부터 벗어날 수 있는 것이다.

추진력이 강한 어떤 지도자가 하루 동안에 쉴 새 없이 만들어내는 수많은 결정들 속에는 실수나 잘못된 판단들이 포함될 수 있다. 그런데 이런 실수들은 극히 일부분에 불과하다. 오히려 우리는 과감히 결정할 수 있는 그 사람의 용기 있는 모습을 볼 수 있다. 조지 패튼은 이렇게 말했다. "행동하기에 앞서 신중히 결정하기 위해 충분히 고려하는 위대한 계획도 중요하지만, 지금 바르게 실행되고 있는 일반적인 계획들이 훨씬 더 효과적이다."

무간섭형 관리자는 사소한 실수들을 용인하고 가볍게 흘려보낼 수 있는 능력을 가진 사람이다. 실수나 실패들은 곧 한때의 가십거리로 사람들의 머릿속에서 잊혀질 것이다. 그렇기 때문에 과거의 사건들을 수용하고 용서할 수 있는 사람은 리더로서의 진정한 권위를 쉽게 얻는다.

그리스 어의 '메타노에오 METANOEO'라는 말은 영어판 신약성경에서 '회개'라고 번역되어 있다. 그러나 바인즈 사전에서는 이 단어의 뜻을 '납득되다'라는 의미로 풀이하고 있다. 즉 '메타노에오'

는 더 나은 것을 위해 늘 사물의 다양한 측면을 보고, 새로운 마음이나 목적을 쉽게 수용함으로써 변화에 유연하게 대처할 수 있는 상태를 뜻한다.

'회개'란 돌이켜서 다른 길을 간다는 뜻을 갖고 있다. 비록 전통적인 가르침에서는 잘못에 대해 벌을 받고 죄의식과 수치심을 느껴야 한다고 가르치고 있다. 하지만 '메타노에오'라는 단어의 진정한 의미는 과거의 일을 돌이켜 새롭고 더 나은 방법으로 발상을 전환한다는 뜻이다.

## 과거를 잊고 앞을 향해 전진하라

한때 고쳤다고 생각했던 습관들이 다시 튀어나오는 순간들이 있다. 그럴 때마다 아직 내가 그 습관들을 완벽하게 고치지 못했다는 사실을 다시 깨닫곤 한다. 단지 습관적인 행동의 반대방향으로 돌아가려고 했던 것이다. 말 그대로 회개를 한 셈이다. 그러나 내가 만일 과거의 습관이었던 음주와 마약의 길을 다시 걷게 된다면 나는 과거의 문제에 또다시 직면하게 된다. 이는 알코올 중독이라는 코드가 여전히 나의 뇌 속에 남아 있음을 의미한다. 그래서 내가 다시 술을 마시기 시작한다면 이전보다 더 심각하게 알코올에 중독될지 모른다. 선천적인 본능이든 후천적인 습관이든 간에 한 가지 확실한 것은 내 머릿속에 아직 그 알코올이라는 코드가 남아

진정한 권위는 수용함으로써 생겨난다

있다는 점이다. 그래서 나는 그 길을 다시 걷지 않기 위해서 아예 술자리를 피하려고 노력한다. 이런 노력이 바로 '과정'이라는 것이다. 잘못된 마약 복용도 마찬가지이다. 개인적인 경험이지만 진정으로 과거를 극복하는 일은 거의 불가능하다. 이는 일터에서도 마찬가지다. 과거의 실패를 극복하고 새롭게 일에 대한 즐거움과 자신감을 얻는 사람들은 예전의 문제를 완전히 극복했고 맞서 싸워 이겼다고 말하지 않는다. 그들은 단지 미래로 한 걸음 전진했을 뿐이라고 겸손하게 대답할 뿐이다. 중독되었던 습관에서 해방되어 진정한 자유를 누리는 사람들은 결코 문제를 완벽하게 극복하고 제거하여 승리했다고 말하지 않는다. 단지 자신의 무능력을 받아들이고 다른 길을 선택함으로써 한 걸음 전진했다고 말할 뿐이다. 단지 술이나 마약과는 전혀 다른 자세와 삶의 방식을 택했을 뿐이라고 말할 것이다.

칼 융 Carl Jung은 이렇게 말했다. "경험상 정신적인 문제를 해결할 수 있는 사람은 아무도 없다. 대신 그들은 그 문제를 피하거나 회피하는 다른 수단을 통해 성장한다." 이것이 바로 성공을 불러오는 또 다른 '과정'이다. 이는 무간섭형 관리자가 가져야 할 마인드이자 정신이다. 그리고 경영의 혁신적인 방법이기도 하다. 왜냐하면 우리는 이런 과정을 통해 비난과 불신 그리고 인위적으로 문제를 고치려는 전통적인 코드를 깨뜨릴 수 있기 때문이다. 몇몇의 치료사들은 환자들에게 종종 이런 말을 하곤 한다. "우리가 성장하려면 가장 먼저 당신을 괴롭히는 사람들과 끊임없이 대화를 나눠야 하며, 이전에 일어났던 사건으로 기억을 되돌려 과거의 문제를 정면으로 분석해야 한다." 하지만 이같은 대응은 과거의 영향력을 키워줄 뿐이다. 간섭형 관리방식 또한 이같은 치료사들의 방법대로 직원들을 잘못된 과거의 길로 몰아갈 수 있다. 이런 방법은 과거에 일어났던 자신들의 실수와 실패들이 현재에도 지속되고 미래에도 계속 유지되도록 만들 뿐이다. 그리고 직원들은 이로 인해 하루하루를 죄책감 속에서 살아갈 것이다.

과거를 잊고 앞을 향해 전진해라. 당신을 지배하려는 과거에 권한을 부여하지 마라. 그리고 새로운 시각으로 현재를 바라봐라. 신이 당신에게 부여한 잠재적인 능력에 초점을 맞춰라. 그러면 당신은 당신의 최고의 모습을 발견할 수 있을 것이다. 무간섭형 관리자는 이런 방법을 통해 직원들과 원만한 관계를 유지한다. 부하 직원들은 모두 똑같은 신뢰와 이해의 대상이다. 그리고 직원들의 과거를 기억하려 하지 않는다.

오늘날 대부분의 보수적인 간섭형 관리자들은 늘 즉흥적으로 생각하는 경향이 있다. 어떤 일이 잘못되었다고 느끼는 순간 그 문제를 극복해야 한다는 강박관념에 사로잡힌다. 또 한 번에 50명에서 100명 이상의 사람들과도 맞서 싸울 수 있는 람보의 모습을 떠올리며 자신도 그와 같이 문제를 해결할 수 있다고 생각한다. 물론 람보는 한 번에 수십 명과 맞서 싸울 수 있는 탁월한 능력을 소유했다. 우리가 떠올리는 남성적인 이미지는 람보와 같이 싸움이나 전쟁에 뛰어난 남성의 모습이다. 이는 우리의 정신적인 사고와 문화에 다음과 같이 투영된다. "내가 조금만 더 강해진다면, 조금만 더 열심히 일한다면, 좀 더 멀리 달릴 수 있다면, 더 많은 세미나를 찾아간다면, 내 인생을 더 성실히 살아간다면, 나는 어느 순간 내 팀이 처한 어떤 문제도 쉽게 다룰 수 있는 정말 강인한 사람이 될 것이다."

그러나 안타깝게도 현실은 이와는 정반대이다. 진정으로 강한 사람이 되기를 원한다면 자신의 마음을 통제할 수 있는 법을 먼저 배워야 한다. 리더로서 진정한 권위를 세우길 원한다면 현실을 수용하고 있는 그대로 받아들일 줄 아는 법을 배워야 한다. 이런 깨달음만이 자신을 강인한 사람으로 만들어 줄 수 있다. 이는 한 번에 수백 파운드 이상의 무게를 가볍게 들어 올릴 수 있는 물리적인 힘을 의미하지 않는다. 어떤 문제든 쉽게 수용하고 쉽게 흘러보낼 수 있는 물리적인 힘 이상의 강인함을 말한다. 직원들이 당신과 함께 있는 것만으로도 강인함과 침착함을 배울 수 있는 능력을 의미한다. 그들은 당신이 굳이 강인한 힘과 평온한 마음 상태에 대해 열심히 설명하지 않아도 당신과 함께 있음으로써 당신의 능력을 저절로 느낄 수 있을 것이다. 그리고 그들은 당신이 수립한 팀의 비전과 목표를 실행하고 달성할 수 있는 효율적인 팀워크를 구축해 나갈 것이다. 분명한 건 이것이 결코 타인의 강요가 아닌 자발적인 동기만으로도 충분히 가능하다는 것이다.

## 팀워크를 위한 세미나는 더 이상 필요하지 않다

회사들은 종종 나에게 팀워크에 대한 세미나를 열어줄 것을 부탁한다. 하지만 나는 더 이상 이런 요청에 응하지 않는다. 왜냐하면 팀에서 일어나는 문제가 업무나 커뮤니케이션의 문제가 아닌 리더십의 문제라는 걸 알고 있기 때문이다. 대신 관리자들을 훈련하고 가르치는 프로그램을 제시하곤 한다. 훌륭한 리더십은 팀 내의 새로운 문화를 정착시키기 위해 사용할 수 있는 가장 효과적인 도구이기 때문이다. 직원들을 자주 훈련시킨다고 해서 좋은 팀워크가 만들어지는 것은 아니다. 경영자들 스스로가 무간섭형 리더십 훈련을 받는다면 직원들을 훈련시키는 것 이상으로 좋은 팀워크를 만들어낼 수 있다. 그들은 무간섭형 리더십 훈련을 통해, 생산성을 향상시키려면 직원들에게 억지로 강요하기보다는 자연스럽게 그들의 능력을 이끌어내는 것이 더 중요하다는 걸 배울 수 있기 때문이다.

인식의 변화를 받아들일 수 있는 사람이야말로 깨어 있는 경영자이다. 그 인식의 변화란 자신의 노력과 관심을 외적 세계에서 내적 세계로 전환하는 것을 의미한다. 이것이 가능한 사람은 내면의 문제를 외부로 꺼내어 그 문제를 해결할 수 있는 가장 효과적인 방안을 모색할 수 있다. 또 이런 인식의 전환은 어떤 공격으로부터도 방어해낼 수 있는 힘을 만들어낸다. 사람들이 당신에게 부정적인 말을 할지라도 당신은 그들의 말이 당신의 생각을 지배할 수 있도록 허락하는 것을 더 이상 용납하지 않는다. 당신은 스스로 자신을 지켜낼 수 있다. 즉 부정적인 생각이 더 이상 당신에게 나쁜 영향을 끼치지 않도록 할 수 있다는 뜻이다. 결과적으로 인식의 변화는 당신에게 리더로서의 진정한 권위를 되찾을 수 있도록 도와준다. 물론 인식을 전환한다는 것은 쉽지 않은 일이다. 예전처럼 직원들 앞에서 폼을 재고 호통을 치는 것보다 더 어려울지도 모른다. 왜냐하면 이는 당신이 오래전부터 쌓아온 직관을 거스르는 행동이기 때문이다. 또 지금까지 받았던 모든 교육과 훈련의 반대되는 행동이기 때문에 쉽게 고쳐지지 않는 것이다.

## 내면의 게임이 주는 교훈

역사적으로 위대한 인물들을 살펴보면 외적인 요소들을 극복하고 내면에 숨겨져 있는 잠재력을 이끌어냈다는 것을 알 수 있다. 그리고 이들 대부분은 아주 길고 행복한 삶을 살았다는 것을 알 수 있다. 버나드 바루크Bernard Baruch는 1965년까지 약 95세까지 살았던 미국의 재정가이자 주식 및 유동자산 투자가, 정치인 그리고 대통령 고문이었다. 비즈니스에서 크게 성공을 거둔 후, 그는 남은 인생 40여 년 동안을 우드로우 윌슨Woodrow Wilson에서부터 존 F. 케네디John F. Kennedy에 이르는 미국 대통령들에게 경제적 조언을 해 주는 일들로 시간을 보냈다. 그는 정치가로서도 수명이 꽤 긴 사람 중의 한 명이었다. 또 헤아릴 수 없는 매력을 지닌 사람이기도 했다. 그는 자신이 가진 엄청난 재력에 어울릴 만한 영웅적인 명성을 즐기기도 한 사람이다. 그리고 그는 20세기 초에 가장 영향력 있는 인물 중의 한 사람으로 뽑히기도 했다. 그의 긴 삶과 성공에 대해 물었을 때 그는 성공의 열쇠를 자신이 어렸을 때 이미 발견했었다고 대답했다. 그 성공의 열쇠는 다음과 같았다. "우리에게 주어진 유일한 자유는 우리 자신을 훈련시킬 수 있는 자유이다."

우리 자신을 훈련시킨다? 장애물을 극복하는 것이 성공의 열쇠가 아니란 말인가? 무간섭형 관리자들이 내면의 인식 변화를 꾀했다는 것을 확인할 수 있는 또 다른 방법이 있다. 당신이 매우 큰 가방을 들고 공항에 서 있다고 상상해 보라. 당신은 그 가방을 직접 들고 기내로 운반하지 못한다는 사실 때문에 걱정하지 않는다. 왜냐하면 당신은 그 가방을 들고 기내에 들어갈 수는 없지만 최종 목적지까지 그 가방을 운반할 수 있다는 사실을 알고 있기 때문이다. 즉 당신은 비행기 수속을 밟으면서 그 가방을 항공사에게 맡기기만 하면 된다. 반면 당신이 간섭형 관리방식으로 살고 있을 때 당신의 삶을 비행기 탑승에 적용시켜 보면 다음과 같다.

당신은 무겁고 기내에 갖고 들어가기가 부적절하며 직접 운반하는 것이 허락되지 않는 모든 짐을 들고 탑승하려 애를 쓴다. 즉 인생에서 당신이 얻은 모든 상처와 분노 그리고 배신을 안고 하루 하루를 살아가고 있는 것이다. 심지어는 자신의 가방뿐만 아니라 남의 짐까지도 직접 운반하려는 듯이, 당신은 배우자와 아이들 그리고 부하 직원들의 가방을 모두 들고 탑승하려 할 것이다. 기내에는 이런 짐들을 모두 수납할 만한 공간도 충분하지 않다. 이는 익살스런 코미디의 한 장면처럼 보일지도 모른다. 하지만 이런 우스꽝스러운 이야기가 바로 간섭형 경영원칙을 고수하고 살아가는 사람들의 선명한 자화상이다. 만약 당신이 끝까지 모든 짐을 안고 기내에 탑승하려 한다면 항공사는 아예 당신의 탑승 자체를 거부할 수도 있다. 당신의 직장에서도 마찬가지다. 모든 짐을 들려고 노력하는 당신을(즉, 당신에게 잘못한 사람이 누구인지, 신뢰할 수 없는 사람이 누구인지, 당신에게 실망한 사람이 누구인지, 당신과 잘 어울리지 않는 부서가 어디인지를 기억하려고 애쓰는 것처럼) 비행기에 태우기엔 너무 무겁고 부담스럽다.

당신의 삶에서 손을 떼라. 그래야 성공하고 날 수도 있다.


## 하늘을 날기 위해 해야 할 일


내 아들 바비가 아주 어렸을 때, 내게 다양한 스포츠와 액션물 영웅들에 대해 물어보는 걸 좋아했다.

"아빠, 아놀드 슈월츠제네거와 브루스 리가 싸우면 누가 이겨요?"

"브루스 리."

"그럼 슈퍼맨이랑 배트맨이 싸우면 누가 이겨요?"

"슈퍼맨."

"그럼 아놀드랑 슈퍼맨이 한 편이 되고 록키와 척 노리스 그리고 스파이더맨과 다른 한 편이 되어 싸우면 어느 편이 이겨요?"

"자, 이제 그만 잘 시간이구나!"


우리가 어렸을 때에도 이같은 질문들을 했을 것이다. 람보나 슈퍼맨과 같은 공상만화 속의 영웅들에 대한 관심은 세대가 변해도 시들지 않는다. 여기서 우리가 한 가지 발견할 수 있는 사실이 있다. 바로 슈퍼맨의 힘은 조직을 변화시킬 수 있는 내면의 힘과 비슷하고 람보의 힘은 성과를 강요하는 외적인 힘과 유사하다는 점이다. 람보는 총알을 사용하는 사람이다. 그가 만에 하나 심장에 총을 맞는다면 그 역시 죽을 수밖에 없다. 그러나 슈퍼맨의 능력 중의 하나는 어디로든 쉽게 날아갈 수 있는 능력이다. 따라서 그는 인간 람보 이상의 힘을 지녔다고 할 수 있다. 누군가가 그에게 총을 발사한다면 그는 슈퍼맨으로 변신하여 그것을 피할 수 있다. 그렇게 함으로써 변신 이전의 평범한 인물에게도 전혀 지장을 주지 않는다. 그것이 바로 슈퍼맨의 영웅적 요소이며, 어린이들과 어른들 사이에서 더 오래 기억될 수 있게 하는 이유이다. 슈퍼맨은 극복하기보다는 피할 수 있는 능력을 가졌다.

진정한 권위는 수용함으로써 생겨난다

사람들은 모두 훌륭한 리더십을 발휘할 수 있는 잠재적 역량을 갖고 있으며, 주변 사람들에게서 일어나는 모든 일에 대해 유연하게 인식을 전환할 수 있는 잠재적인 능력을 가졌다. 그리고 보통은 문제가 무엇이든간에 당신의 문제들로 인해 다치거나 상처받지 않는다. 또한 자신의 문제를 고치거나 수정하려 하지 않는다. 다만 문제들을 받아들이고 이 문제를 피할 수 있는 새로운 방법들을 찾으려고 노력할 뿐이다. 디팩 초프라 Deepak Chopra라는 최근에 이렇게 말한 적이 있다. "나쁜 소식을 접했을 때 우리가 아무런 판단을 내리지 않고 잠자코 있으면 머지않아 좋은 소식으로 바뀌게 될 것이다." 나쁜 소식들은 그저 잠시 스쳐가는 표면적인 현상에 불과하다. 초프라는 또 이렇게 말했다. "당신이 만약 기대한 것을 얻을 수 없다면 당신이 얻을 수 있는 그 이외의 것들이 무엇인지를 찾아내라."

당신이 갖고 있는 재능은 무엇인가? 그 재능을 배움의 기회로 전환할 수 있는 능력을 갖고 있는가? 인식의 전환은 우리에게 변화를 거부하지 않고 광범위하게 수용할 수 있는 능력을 가져다 준다. '광범위함'이란 정확히 말해서 우리가 이야기하고 있는 인식의 총체적인 변화를 의미한다. 즉, 좁은 시각으로 문제를 판단하려는 사고방식을 버리고 넓고 유연한 무간섭주의 원칙을 받아들이는 것을 의미한다.

## 혁신은 변화를 위한 윈윈 과정이다

초프라는 마지막으로 이렇게 결론지었다. "심층적으로 분석해 보면, 삶에서 일어나는 모든 사건들은 두 가지의 원인을 갖고 있다는 것을 알 수 있다. 첫 번째 원인은 발생한 일이 좋은 일이라는 것이다. 그리고 두 번째 원인은 더 좋은 결과를 만들어내기 위해 필요한 과정을 깨닫게 하기 위함이다." 이는 마치 우리의 몸과도 같다. 세포 속에서 일어나는 현상은 건강한 신체활동의 증거일 수도 있고 아니면 잘못된 기능을 바르게 고치기 위해 신체가 내보내는 신호일 수도 있다. 비록 삶이 무작위적인 사건들의 나열로 보이기도 하지만, 사실 모든 일은 좋은 쪽의 방향을 가리키고 있다. 혁신은 승리하기 위한 투쟁적 비즈니스가 아니라 변화를 위한 윈윈 과정인 것이다. 주변 사람들이 당신 덕분에 자신들의 본래 모습을 되찾고 그 동안 억압되었던 모든 문제로부터 자유로워진다면, 당신 또한 그들과 마찬가지로 자신의 참 모습과 진정한 자유를 회복할 수 있다. 그리고 당신은 자신을 위한 여유로운 시간과 공간을 확보함으로써 자신이 발견한 가능성들을 충분히 활용하는 리더로 성장할 수 있을 것이다.

제한, 억압, 분노, 슬픔, 결점 등의 모든 부정적인 생각들을 제거해라. 그러면 당신은 가능성의 세계로 나아갈 수 있다. 이같은 사고의 전환과 혁신은 조직을 성공의 세계로 이끌어갈 수 있다. 그리고 당신은 그 일에 더 큰 열정을 품을 수 있게 될 것이다. 또한 당신은 '권위'라는 말에 대한 전혀 다른 정의를 발견하게 될 것이다. 당신이 진정으로 권위 있는 리더라면 모든 문제들을 용서하고 수용하고 가볍게 흘려버릴 수 있어야 한다. 슈퍼맨처럼 문제들을 쉽게 빗겨갈 수 있는 능력이야말로 진정한 권위자가 갖출 능력인 것이다. 물론 당신의 내면에는 이미 이같은 위대한 능력이 존재하고 있다. 아무리 노력하더라도 당신은 그런 능력을 당신 밖에서 찾을 수는 없다. 이 능력은 당신의 내면에서 외면으로 드러나게 될 날만을 기다리고 있다. 이미 내면에 성공에 대한 충분한 잠재력을 갖고 있다는 것을 알고 있는데, 왜 그것들을 이끌어내려 하지 않는가? 당신의 성공에 방해가 될 만한 모든 부정적인 사고방식들을 버려라. 당신에게서도 성공의 가능성이 충분히 발휘되도록 그 능력을 드러내라. 그러면 훗날 당신은 자신이 생각했던 것 이상으로 더 큰 성공을 거두고 있는 자신의 모습을 발견하게 될 것이다.

제1장을 읽은 후 당신이 따라야 할 3가지 행동 단계 :

- 조만간 어떤 사람과 충돌이 일어날 것 같으면, 먼저 그 사람에게 감사해 하고 칭찬하고 싶은 내용을 두 가지 적어 보라. 그리고 그것을 직접 그 사람에게 들려준 후에 그 사람과 문제들을 해결할 수 있도록 대화하는 시간을 가져라.

- 당신과 함께 일하는 직원들이 가진 장점들에 대해 적어 보아라. 그리고 그들이 가진 재능과 가능성을 그들이 깨달을 수 있도록 도와줘라. 참고로 이 목록에는 당신 자신에 대

한 내용도 포함시켜야 한다.

- 당신이 오늘 하루 다른 사람들과 어떻게 커뮤니케이션을 해왔는지 되돌아 보라. 어떤 생각이 당신의 감정을 상하게 하는가? 그리고 어떤 생각이 당신을 기분 좋게 하는가? 날마다 이렇게 되새김의 시간을 갖는다면 자신의 감정을 좌지우지하는 것은 다른 사람들이 아니라 자기 자신의 생각임을 인식할 수 있게 될 것이다.

진정한 권위는 수용함으로써 생겨난다

# THE
# HANDS-OFF
# MANAGER

제2장

## 내면의 삶을
## 관리하라

더 많이 웃고, 많은 사람들의 존경을 받고, 어린 아이들에게 호감을 얻고,

더 나은 세상으로 만들고, 우리로 인해 다른 한 생명이 좀 더 편하게

숨 쉴 수 있다는 것을 깨닫는 것이 바로 인생의 성공이다.

— 랠프 월도 에머슨 Ralph Waldo Emerson —

당신이 무간섭형 관리자가 되기 위해 첫 번째로 해야 할 일은 내면의 삶을 관리하는 것이다. 자신의 마음도 관리하지 못하는 사람이 다른 사람의 성공을 이끈다는 것이 어떻게 가능하겠는가? 따라서 무간섭형 관리방식을 제대로 습득하려면 자신의 내면과 가정에서부터 출발하는 게 너무나 당연한 일이 된다. 우리는 성공에 대해 어떻게 확신할 수 있을까?

대부분의 사람들은 세상 밖으로 결과와 변화를 선명하게 드러내야만 성공이라고 생각한다. 어떤 사람들은 세상을 변화시키는 것이 불가능하다고 생각한다. 그런데 이런 사람들의 특징이 바로 성공을 이루어내지 못한다는 점이다. 또 다른 성공에 대한 오해는 성공이 의미하는 바가 부를 축적하는 것이라고 생각하는 것이다. 경제적 성공의 가능성? 물론 이 또한 당신의 내면에서 비롯된다. 그러니 굳이 서점이나 세미나를 찾을 필요도 없다. 아니, 성공 가능성은 책이나 강연에서는 결코 찾을 수 없다.

　대부분의 사람들은 세상에 널려 있는 온갖 성공에 대한 정의와 방법들을 배우기 위해 많은 책과 자료들을 찾고, 다른 사람의 성공 노하우를 배우려고 한다. 그들은 이렇게 열심히 노력하면 언젠가는 자기 자신의 삶도 그들처럼 변할 수 있을 것이라 믿는다. 그런데 사람들은 성공과 관련된 책들을 읽다가 문득 이런 생각을 갖게 된다. '엇, 이건 내가 예전부터 알고 있었던 거잖아.' 그리고 이런 깨달음이 올 때 사람들은 그 내용의 밑에 줄을 긋기도 한다. 이런 일들을 반복하다 보니 사람들은 성공학 서적에 있는 많은 내용들을 이미 알고 있는 내용이라고 느끼게 되는 것이다.

　착각하지 마라. 이는 당신이 책을 통해 반복적으로 학습했기 때문에 익숙해져 버린 것들이 아니다. 이미 오래 전부터 당신의 내면에 존재하고 있던 삶의 목적이기 때문에 알아채고 깨달을 수 있는 것이다. 즉, 당신이 그 동안 잊고 있던 것들을 다시 한 번 되새겨 볼 수 있었다는 것이다. 그런 의미에서 성공과 삶의 목적을 찾기 위해 굳이 세상 밖으로 나설 필요 없다. 밑줄을 친 내용들이 당신 삶의 목적과 일치하지 않는다면, 이런 글귀가 어떻게 당신에게 적용될 수 있는지를 알아챌 수 있었겠는가? 당신은 이미 자신이 가진 잠재력에 대해 본능적으로 이해하고 있었던 것이다. 그래서 그 말에 감동을 받는 것이다.

　한 집단의 사람들이 같은 메시지를 전해 듣는다고 해서 모두가 똑같이 반응하는 것은 아니다. 독서 클럽을 보면 이를 확실히 알수 있다. 그들은 같은 책을 읽고서도 서로 다른 생각들을 갖게 된다. 그러나 사람들은 이런 차이가 각자가 갖고 있는 서로 다른 취향이나 기호 때문에 나타난다고 생각한다. 그 이상을 깨닫지 못하는 것이다. 그 이상의 것이란 한 권의 책을 통해 얻은 깨달음이 내면에 존재하는 잠재력을 일깨운다는 사실이다. 이 내면에 존재하는 잠재력은 당신이 갖고 있는 열정과 정신 그리고 능력을 말한다. 내면의 세계가 책을 통해 얻은 영감과 일치될 때 비로소 당신은 반응하게 된다. 우리가 내면의 정신세계를 깨닫게 되면, 이런 정신세계가 무엇을 의미하며 이런 깨달음이 우리의 삶에 어떤 유익함을 줄 수 있는지도 알 수 있게 된다. 내면의 세계에 대한 인식의 변화와 직관은 무간섭형 관리방식의 핵심이다. 이같은 인식으로 전환하면 우리는 더 이상 외부로 표출되는 문제들을 사사건건 간섭하려고 할 필요가 없어진다. 또 이미 우리의 내면에 완벽하게 존재하는 것들을 바꾸기 위해 애쓸 필요도 없게 된다. 우리는 그저 앞을 향해 묵묵히 나아가면 될 뿐이다. 게다가 내면의 세상을 활짝 열고 이것을 분명히 알 수 있게 된다.


## 사람들에 대한 부정적인 생각을 모두 걷어내라


'책을 통해 무언가를 인식할 수 있다는 것은 더 이상 그 책을 통해 배울 수 있는 게 없음을 의미한다. 왜냐하면 책을 통해 내 안에 있는 것들을 재인식할 뿐이기 때문이다. 재인식한다는 것은 이미 그것을 알고 있거나 갖고 있음을 뜻한다.' 이미 내가 갖고 있는 것을 외부에서 찾으려고 노력할 필요가 있을까? 그저 내면에 있는 자신의 것을 밖으로 꺼내기만 하면 되는데 말이다.

다시 직장으로 되돌아가 보자. 새로운 경영 체계, 업무처리 과정, 계획 등을 배우는 것도 중요하다. 그러나 이런 것들보다 더 효과적으로 성공을 이끌어낼 수 있는 방법이 있다. 바로 당신이 관리하는 직원들을 제대로 이해하는 것이다. 이제 당신의 내면에 오랫동안 존재하고 있던 잠재력을 어떻게 찾아내고 외부로 드러낼 수 있는지를 살펴보자. 이렇게 할 수 있다면 당신은 자신이 무언가를 놓치고 있다는 생각 때문에 고민하거나 걱정할 필요가 없게 된다. 나폴레옹 힐은 "생각하라. 그러면 성장하리라!"라고 말했다. 그러나 나는 이렇게 말하고 싶다. "생각을 멈춰라. 그러면 충분히 성장하리라!"

당신이 직원들을 관리하는 데 필요한 모든 방식들은 전부 당신 안에 있다. 사람들에 대한 부정적인 생각을 모두 걷어내라. 그리고 사람들을 신뢰하라. 그러면 당신은 성공할 수 있다.


당신은 언제 아이디어를 생각해내는가? 훌륭한 아이디어나 영감 그리고 새로운 개념들과 해결책들은 주로 언제 떠오르는가? 혹시 당신이 샤워를 하며 노래를 부르고 있을 때는 아닌가? 또는 아무런 생각 없이 홀로 드라이브를 즐기고 있을 때는 아니던가? 많은 연구 결과에 따르면 경영자들이 최고의 아이디어를 떠올리는 장소는 샤워를 하거나 정원 또는 휴식을 취하는 장소라고 한다. 왜 그럴까? 대답은 간단하다. 이런 장소에서 사람들은 무언가를 떠올리기 위해 억지로 생각하고 억압하려고 노력하지 않기 때문이다. 자신의 생각에서 손을 떼는 그 순간에 지혜가 탁 떠오르는 것이다. 이는 우리의 두뇌가 기능하는 방식이기도 하다.


## 현재의 삶을 살아갈 때 두려움을 극복할 수 있다


또한 말하는 것과 듣는 것의 차이점과도 유사하다. 우리는 말할 때보다 들을 때 더 많은 것들을 배울 수 있다. 그럼에도 불구하고 많은 사람들은 다른 사람의 이야기를 쓸데없는 시간낭비로 여기곤 한다. 무간섭형 관리란 다른 사람의 이야기를 듣는 것에서부터 시작된다. 그리고 자신의 생각과 마음의 전구에 불을 켜는 것에서 점화되는 것이다. 우리가 갖는 생각의 대부분은 주로 두려움을 만들어낸다는 사실을 알고 있는가? 특히 우리들에게 일어나는 사건들에 대해 아무런 문제의식도 없이 곧이곧대로 받아들이고 믿어버릴 때 우리는 더 큰 두려움을 느끼게 된다. 대부분의 관리자들도 자신의 지위를 얼마나 오랫동안 유지할 수 있는가에 대해서만 모든 생각을 집중한다. 그래서 그들은 미래에 발생할 수 있는 문제나 사건들에 대해 미리부터 겁을 먹고 나쁜 결과들을 상상하곤 한다. 관리자들이 이러한 부정적인 상상을 하면 할수록 간섭주의 관리 원칙을 쓰게 된다. 이들은 부하 직원들을 내면의 세계가 아닌 외부의 세계에서 가시적인 성과를 이끌어내라고 계속해서 재촉하게 된다. 이들이 갖는 또 하나의 특징은 미래의 삶에 대해서만 신경을 곤두세운다는 것이다. 그 결과 늘 근심하고 걱정하는 삶을 살게 된다. 이렇게 살다보면 어느 순간 자신의 존재가 사람들에 의해 무시되고 있음을 깨닫게 될 것이다. 그리고 이런 기분은 당신에게 과도한 스트레스를 안겨주고 급기야 신경쇠약에까지 이르게 할 수도 있다. 이 중에서도 가장 심각한 문제는 간섭형 관리자들이 미래의 일뿐만 아니라 과거에 일어난 일에 대해서도 집착하는 증세를 보인다는 점이다. 과거를 파고드는 일은 결코 생산적일 수 없다. 과거를 살아가는 사람은 죄의식에서부터 벗어날 수 없다. 그렇기 때문에 우리는 과거와 미래에서 탈피하여 현재의 삶을 살아야 한다. 우리가 현재의 삶을 살아갈 때, 우리가 느끼는 두려움을 극복할 수 있다. 팀이나 조직의 관리자가 매일같이 극단적인 감정의 오르내림을 보인다면 그 사람은 결코 부하 직원들이 갖고 있는 문제에 대해 현명하게 판단하고 조언해 줄 수 있는 마음의 여유를 가질 수 없다.

누군가에게 조언을 해주기 위해서는 먼저 자기 자신부터 마음의 평화와 안정을 찾아야 한다. 자신의 평화를 유지하지 못하면 주변 사람들도 고스란히 스트레스를 공유하게 된다. 그런 의미에서 무간섭형 관리원칙을 시작하려면, 자신의 성공을 생각해볼 수 있는 내면의 가장 평화로운 장소부터 찾아내야 한다. 그런 다음 성공을 위해 행동으로 옮겨라. 마지막으로 부하 직원들의 효율성과 창의성을 독려하려면 그들이 마음의 평화와 안정을 찾을 수 있도록 도와라. 이것이 바로 무간섭형 관리원칙의 기본이다.

제2장을 읽은 다음 당신이 단계적으로 실행해야 할 3가지 행동 :

- 당신이 현재 이루고자 하는 물질적, 외형적인 삶의 목표는 무엇인가? 그것을 종이에 적어 봐라. 무엇이든 상관없다. 예를 들어 자동차라든가 보트 또는 올 여름 휴가계획 등 어떤 것이든 좋으니 한 번 적어 봐라. 그런 후에 각각의 목록에 질문을 던져 봐라. 당신은 왜 그런 것들을 얻고 싶어 하는가? 그것을 얻게 되었을 때 당신은 어떤 기분이 들게 될까? 굳이 당신이 적어 놓은 물질적 욕구를 채우지 않더라도 당신에게 더 큰 기쁨을 줄 수 있는 그 밖의 목표들은 무엇이 있을까?

- 경제적 성공에 대한 정의를 내려 보아라. 그리고 우선순위를 매겨라. 경제적인 성공은 당신에게 어떤 의미를 부여하는가? 당신이 돈을 원하는 이유는 무엇인가? 어떤 목적에서 돈을 필요로 하는가? 당장 돈이 한 푼도 없다면 당신의 기분은 어떨까? 돈을 갖지 않고도 내면에서 깊은 평화와 안정 그리고 자유로움을 느낄 수 있는 다른 방법들은 무엇이 있을까? 마지막으로 기억할 것이 있다. 경제적 성공은 내면의 평화와 안정, 진정한 능력과 자유를 찾아냈을 때 저절로 따라온다.

- 주변 사람들이나 가족들에 대해 갖고 있는 당신의 목표들을 적어 보아라. 왜 그런 목표

를 세웠는가? 당신의 행동에 의해 다른 사람들의 행동은 얼마나 좌지우지 되는가? 그들의 행동과 태도에 관계없이 그들을 위해 지금 당장 당신이 할 수 있는 일들로 관심의 대상을 옮겨라. 세상이 저절로 변할 것이라는 막연한 기대는 버리고 당신의 능력 안에서 이들을 위해 해줄 수 있는 일들을 찾아라.

제3장

# 성공은 중립의 위치를
# 지키는 사람의 몫이다

'균형'이란 조금도 흔들리지 않는 수면의 고요한 상태와 같다.

우리는 수면의 잠잠한 모습처럼 외형이 흔들리지 않고 내면의 고요함을 유지할 수 있어야 한다.

− 공자 孔子 −

캐리는 텔레마케팅 부서의 팀장이었다. 그녀는 항상 창의적이고 신선한 아이디어를 만들어야 한다는 중압감 때문에 큰 스트레스를 받고 있었다. 또 과거에 일어났던 부정적인 사건들에 온통 신경을 쓰고 있었다. 과거에 있었던 불완전함과 결점들을 완벽히 제거해 보려고 매일 노력했지만 이런 노력은 늘 헛수고로 돌아갔다. 실제로 그녀가 할 수 있는 일이라곤 고작 과거의 사건들을 원망하고 분개하며 살아가는 것뿐이었다. 심지어 부하 직원들이 언젠가 자신을 배신할 것이라고 생각하니 참을 수 없었다. 날이 갈수록 점점 더 초조해지고 예민해지던 그녀는 이윽고 부하 직원들이 하는 모든 일을 사사건건 간섭하기 시작했다. 그러나 이런 간섭은 오히려 반발만을 샀고, 새로운 계획을 세우거나 직원들과 의논할 때마다 충돌이 발생하는 원인이 되었다. 그럼에도 불구하고 캐리는 이런 문제의 근본적인 원인이 자신에게 있다는 사실을 인식하지 못했다.

그러던 어느 날 캐리는 중요한 회의를 앞두고 나에게 연락을 해왔다. 그리고는 자신을 지도해 달라고 부탁했다.

"이번 회의 때문에 걱정돼서 죽을 지경이에요." 캐리가 말했다.

"왜 그렇게 걱정하나요?"

"이번 회의에서 사람들은 분명 새로운 기획안에 많은 의문을 제기할 거예요. 그리고는 돈을 더 요구하겠죠. 그렇지만 나는 그들에게 돈을 더 주고 싶지 않거든요. 그들은 항상 돈만 밝히지 제대로 일한 적이 없어요."

"당신은 그 사람들을 신뢰하지 않나요?"

"네, 그들은 내게 신뢰를 줘 본 적이 없어요."

"사람들이 꼭 당신에게 신뢰를 받아야만 하나요?"

"당연하죠. 나는 사람들에게 하루 이틀 속은 게 아니거든요."

"그럴 것 같네요."

"네? 그게 무슨 말씀이시죠?"

"당신은 사람들을 믿지 않잖아요."


순간 캐리는 조용해졌다. 그녀는 잠시 동안 아무 말도 하지 않았다. 그 날 나는 캐리에게 무간섭형 관리원칙이라는 새로운 개념을 꼭 소개시켜주고 싶었다. 이 때문에 평소 고객들과 보내는 시간을 초과하는 긴 시간을 그녀와 대화하는 것에 할애했다. 나는 듀웨인 블랙에게 배운 많은 것들을 그녀에게 전수해 주고 싶었다. 먼저 상대방을 믿을 수 없다면 사람들도 그녀를 믿을 수 없다는 것, 그녀가 받는 스트레스의 원인은 자신이 상상 속에 만들어내는 최악의 시나리오를 통해 비롯된다는 것을 깨닫도록 하는 것부터 시작했다. 이를 깨닫지 못하면 캐리는 문제를 해결하기 위해 수많은 노력을 하더라도 매일 분노와 원망 때문에 어찌할 수 없었을 것이다. 나는 그녀에게 간섭형 관리방식에서 무간섭형 관리방식으로 전환하기 위한 첫 번째 과제를 주었다. 즉 한 사람씩 부하 직원을 불러 업무에 관한 모든 내용을 배제한 채 두 시간 이상 사적인 대화를 나눠 보라는 것이었다.

## 중립적인 방법이 성공을 가져온다

그러자 그녀가 놀라서 물었다. "네? 아무런 용건 없이 부하들을 만나라고요? 내가 리더십 훈련을 받을 때에는 직원들과 공적인 일로만 만나라고 배웠었는데……."

"맞아요. 거기서는 그렇게 가르치지요. 그런데 그거 아세요? 그런 리더십 훈련은 1940년대에 처음 개발되었죠. 그리고 그 훈련은 군대를 모델로 삼아 만들어졌죠. 그런 훈련에서는 부하 직원들이 회사를 위해 충성을 바친 뒤 30년 후에 있을 은퇴식 만찬에서 소형 시계 하나를 달랑 수여받고 조용히 물러나도록 직원들을 훈련시키라고 가르칩니다."

"뭐, 어찌 되었든 나는 아무 용건 없이 직원들을 만나 두 시간씩이나 사적인 대화를 나누고 앉아 있을 만큼 한가한 사람이 아니에요. 나를 도대체 뭘로 보시는 겁니까?"

"나에게 당신은 직원들의 삶을 보살펴주고, 그들의 이야기와 아이디어를 들어주는 텔레마케팅 부서의 팀장으로 보이는 걸요. 그리고 어떤 최종 결정을 내리더라도 중립적으로 수용해야 하는 자리에 앉아 있는 사람으로 보이는군요."

"중립적이요?"

"그래요. 중립적!"

이런 식으로 캐리를 무간섭형 관리자가 되도록 지도하기까지 꼬박 1년이란 세월이 걸렸다. 그녀는 1년을 묵묵히 참고 견뎌냈다. 그리고 그 1년의 시간은 그녀에게 있어서 잊지 못할 소중한 시간이 되었다. 리더로서의 긍지와 자신감을 회복할 수 있었기 때문이다. 최근에 그녀는 나에게 다음과 같은 내용의 이메일을 보냈다.

"요즘 내가 하루하루를 얼마나 기대하며 살아가고 있는지 아세요? 나도 내 모습을 생각하면 저절로 웃음이 날 정도입니다. 이전에는 잘 알지 못했던 일들에 대해 두려움을 가졌는데 이제는 도전으로 받아들이고 있어요. 날마다 새로운 방법을 찾고, 시도하고, 탐험하는 일이 얼마나 즐거운지 모릅니다. 나는 더 이상 무엇을 어떻게 만들어야 한다는 강박관념 속에 나 자신을 가둬두지 않습니다. 일의 옳고 그름을 판단하는 일에도 연연해하지 않지요. 또 문제를 무조건 부정적인 시각으로 받아들이지도 않아요. 나는 너무 늦게 깨달았어요. 그래서 나는 어린 소녀들을 보면 너무 안타깝게 느껴집니다. 우리 사회가 그들을 대하는 태도를 바꿔야만 해요. 여자아이들은 어려움에 처하면 몹시 당황스럽게 생각하는 경향이 있어요. 예를 들면 아빠를 화나게 하는 것과 같은 일 말입니다. 그래도 남자아이들에게는 실수에 대해 어느 정도의 배려가 있어요. 남자들은 나이를 먹어도 어린애와 같다는 말도 있잖아요. 남자아이들은 자라는 동안 실수와 실패들을 연발하지만 사회는 이에 대해 너그럽잖아요. 반면 여자아이들에게는 처음부터 올바르기를 강요합니다. 나는 당신의 지도를 통해 어린 시절에 받았던 그런 교육들이 나를 실패에 대한 두려움으로 이끌어 왔다는 걸 깨닫게 되었어요. 그러나 나는 더 이상 실패를 두려워하지 않습니다. 이제 나는 문제들을 가볍게 흘려보내고 자연스럽게 잊을 수 있게 되었으니까요."

과거의 좋았던 일이라도 그것은 이미 끝나버렸다.

- 바이런 케이티 Byron katie -

기업은 이윤을 목적으로 끊임없이 거래하고 판매한다. 흔히들 영업은 기업의 이윤을 위한 생명과도 같다고 말한다. 기업이 생존하기 위해서는 고객들에게 상품이나 서비스를 계속해서 팔아야만

성공은 중립의 위치를 지키는 사람의 몫이다

한다. 특히 영업팀에서 일하는 직원들의 하루는 판촉 및 고객서비스와 관련된 업무들로 가득 채워져 있다. 작가 로버트 루이스 스티븐슨은 이렇게 말했다. "모든 사람들은 물건을 파는 행위를 통해 생계를 꾸려나간다." 그런데 여기서 짚고 넘어가야 할 부분이 있다. 모든 사람이 다 같은 방법으로 판매하는 것은 아니라는 점이다. 무간섭형 관리자가 취할 포지션은 이전에 캐리가 취했던 방법과 매우 다르다. 이들은 영업에서도 '중립'이라는 방법을 택한다. 중립의 방법이라는 단순한 행위를 통해 성공을 이끌어내는 것을 보면 놀라지 않을 수 없다. 이는 마치 풀리지 않는 경영의 비밀처럼 느껴진다. 긍정도 아니고, 부정도 아닌 중립적인 방법이 성공을 가져온다니 쉽게 믿어지지 않을 것이다. 듀웨인은 이렇게 말한다.

"나는 토지매매를 위한 협상 때마다 상대방이 협상 테이블로 가져오는 조건들을 모두 수용한다. 그것이 나의 협상 전략이다. 나는 그들의 요구를 들어주는 것을 아깝게 생각하지 않는다. 처음 내가 그 토지를 사려고 결정했을 때를 생각한다면, 그들이 내게 땅을 파는 것만으로도 고마운 일이다. 그들이 요구하는 조건을 들어주는 것은 나에게 그 땅을 팔기로 한 그들의 결정에 대한 작은 감사의 표시일 따름이다. 그런데 이런 전략으로 협상할 때마다 나는 놀라운 경험을 하곤 한다. 협상을 진행하다 보면 어느 순간엔가 내가 협상에서 유리한 위치에 서 있음을 발견하기 때문이다. 생각해 보라. 만약 내가 상대의 요구를 그 자리에서 거절한다면 상대방은 얼마나 속이 상하겠는가? 그 순간부터 그 사람은 자신의 이익을 지키기 위해 계속해서 방어적인 태세를 취할 것이다. 그러면 우리는 그 협상에서 좋은 결과를 이끌어낼 수 없다. 또한 우리는 외부 세계에 온전한 자아를 만들어낼 수 없다. 외부 세계에서 인간은 모두 다 불완전한 존재이기 때문이다. 사람들은 각각 다른 성향과 기호를 갖고 있으며, 이 때문에 서로를 인정하고 수용하지 않는다면 자신을 방어하기 위해서만 노력할 것이다."

유연한 사고력을 지닌 사람들은 현실에 잘 적응한다. 성공은 열린 사고방식과 중립적 위치를 지키는 사람들에게 흘러간다. 성공적인 협상가들을 보면 대부분이 중립적 위치를 지키는 사람들이다. 결코 폐쇄적으로 자신의 주장만을 고집하는 사람들이 아니다. 영업과 협상은 외부 세계에서 일어나는 일이다. 그러나 성공적인 영업과 협상을 위해서는 내면과의 싸움에서 승리해야 한다. 얼마 전 나는 프로골프 선수로 활동하고 있는 한 친구와 대화를 나눴다. 그는 매우 뛰어난 선수임에도 불구하고 다음 번에 있을 토너먼트 경기에서 잘 할 수 있을지에 대해 걱정하며 불안해 했다. 공을 칠 때마다 자꾸 부정적인 생각을 하게 된다는 것이었다. 그런 부정적인 생각을 떨치고 긍정적인 마음을 갖기 위해 온갖 노력을 다 해 봤지만 소용이 없었다는 것이다. 나는 그에게 중립적인 생각을 가지라고 조언해 주었다. 부정적이든, 긍정적이든 마음에서 흘러나오는 모든 생각을 잊고 그저 아무 생각 없이 공을 치는 것이 어떻겠냐고 제안한 것이다. '나는 할 수 있다. 이번에는 볼이 홀에 제대로 들어갈 것이다.' 라는 긍정적인 생각을 억지로 가질 필요도 없다. '공을 잘못 치면 어쩌지?'라는 부정적인 생각을 품을 필요도 없다. 그저 모든 생각에서 한 걸음 물러나 물 흐르듯, 구름이 흐르듯, 생각도 자연스레 흘러가도록 마음을 비우는 것이다. 이렇게 해서 마음의 안정을 찾으면 그 때 골프 채를 휘둘러라. 마음속에 아무런 생각도 담지 않은 채 말이다. 이렇게 하면 더 좋은 결과를 얻게 될 것이다. '무'의 상태에는 신비로운 힘이 있다.


## 물리학으로 협상을 배우다


일요일 아침 일찍부터 아리조나에 있는 듀웨인의 집으로 찾아가 그와 함께 대화를 나눈 적이 있다. 대화의 주제는 중립이 갖는 힘이었다. 그는 이렇게 말했다. "원자의 구조를 알면 중립의 힘이 어떤 건지를 좀 더 깊이 이해할 수 있지요."그의 말을 들어보면 다음과 같다.

원자의 구조는 세 가지의 힘으로 이루어져 있다. 그 세 가지의 힘이란 전자, 양성자 그리고 중성자의 힘이다. 전자는 부정적인 힘을 만들고, 양성자는 긍정적인 힘을 만들며, 중성자는 중립적인 힘을 만든다. 또한 중성자와 양성자는 하나로 합쳐져서 원자의 핵을 이룬다. 그리고 전자는 이 핵을 중심으로 매우 빠르게 회전한다. 전류란 바로 회전하는 전자가 전도체를 통해 또 다른 원자로 이동하는 현상을 말한다. 즉 부정적인 힘을 가진 전자는 매우 탄력적이며 쉽게 이동할 수 있는 것이다. 반면 중성자와 양성자는 쉽게 분리되지 않는다. 이들을 분리하거나 이동시키려 하면 엄청난 폭발이 일어나는데 그것이 바로 원자폭탄의 원리이다.

듀웨인이 계속 말했다. "그렇게 세 가지의 힘으로 합성된 원자는 물리학이나 화학의 기본 원리입니다. 그러나 이것은 비즈니스 세계에 존재하는 힘의 균형에 대해서도 잘 묘사하고 있지요. 즉 긍정과 중립이 갖는 힘의 원리를 말입니다. 물론 균형을 맞추려면 부정적인 힘이 존재해야 하고 또 실제로 존재하고 있습니다. 그러나 이는 쉽게 사라지기도 하고 다른 곳으로 이동하기도 합니다. 마치 원자의 전자가 또 다른 원자로 쉽게 이동하는 것처럼 말입니다. 인간의 삶에서도 그런 원리를 똑같이 적용할 수 있지요. 부정적인 힘은 언젠간 쇠멸하거나 사라지기 마련이지만, 긍정적이고 중립적인 힘은 쉽게 분리할 수 없답니다."

이것이 바로 중립의 힘이다. 중립의 힘은 무간섭형 관리원칙의 핵심이기도 하다. 진정한 리더로서의 권위를 가진 사람은 다른 사람을 판단하고 문제를 비판적으로 바라보지 않는다. 그들은 중립적인 입장에 서서 모든 가능한 방법과 해결책을 검토하고 찾아낼 수 있는 사람이다. 관리자들은 어느 때나 그들에 대항하는 반대 세력을 만나기 마련이다. 어떤 때는 높은 자리에 오르기도 하고 낮은 자리로 내려가기도 한다. 성공할 때도 있고 실패를 할 때도 있다. 어려운 일을 할 때도 있고 쉬운 일을 할 때도 있으며 빠른 일을 할 때도 있고 느린 일을 할 때도 있다. 행복을 누리는 날이 있다면 슬픔에 잠겨 지내는 날들도 있을 것이다. 이것이 바로 삶이다. 우리는 이렇게 반대되는 개념이 항상 함께 존재한다는 사실을 잊은 채 채 살아간다. 어려운 일이 존재하기 때문에 쉽다는 것을 느낄 수 있다. 실패하는 사람들이 있기에 성공하는 사람들도 있는 것이다.

그럼에도 불구하고 우리는 항상 부정적인 것들을 어떻게든 제거하기 위해 노력하고 고민한다. 하지만 현실에서는 완전히 제거할 수가 없다. 부정적인 것을 경험할 수 없다면 긍정적인 것도 결코 느낄 수 없다. 양면성이란 늘 함께 존재하는 개념이기 때문이다. 간섭형 관리자들이 성공하지 못하는 이유는 늘 부정적이고 격정하기 때문이다. 그들은 문제에 대한 좋은 피드백을 받아도 그것을 받아들이려 하기보다는 방어하고 달아나기에 바쁘다. 또 이루고자 하는 좋은 일에 집중하기보다 나쁜 일들을 극복하려는 것에 더 집중하고 시간을 쏟는다. 궁극적으로 좋은 것을 추구하며 살지 못하기 때문에 원하는 만큼의 성공을 얻을 수 없게 된다. 부정적인 곳에 발이 묶여 좋은 것을 바라보지 못하는 사람들은 성공의 방도를 찾을 시간적 여유가 없는 바쁜 사람들이다.

## 무간섭형 관리자는 협상에서도 강하다

협상에서 승리하는 사람은 순수한 중립성을 지킬 수 있는 사람이다. 아이로니컬하게도 악을 거부하는 사람은 선을 얻을 수 없고, 그릇된 것에 저항하는 사람은 올바른 것을 이끌어낼 수 없다. 성공에는 찬 것과 뜨거운 것이 함께 존재한다는 속성을 깨달아야 승리할 수 있다. 차가운 것과 뜨거운 것은 위치만 다를 뿐 온도라는 개념에서는 같다. 승리와 패배도 마찬가지다. 승자와 패자는 같은 게임을 경험한 사람들이다. 또 안과 밖도 마찬가지다. 방향만 다를 뿐 이동이라는 개념에서는 같은 의미이다. 협상에 강한 사람은 자신에게 불리해 보이는 것이라도 거절한다는 게 협상에서 얼마나 치명적인지를 잘 안다. 그래서 상대방의 제안이 자신에게 불리해 보이더라도 그것들을 거부하지 않고 수용할 줄 안다. 협상에서 중요한 것은 거래의 내용이 아니다. 모두를 위한 윈윈 전략을 어떻게 하면 적절하게 구사할 수 있느냐에 초점을 맞추는 것이 훨씬 더 중요하다. 이렇게 할 수 있는 사람은 부차적인 문제가 좋은 결과를 이끌어내는 데 도움을 주지 않는다는 것을 잘 안다.

중립이 갖고 있는 매력적인 힘을 반드시 기억하라. 우리는 고교 시절 친구들과 함께 순수하게 게임을 즐겼다. 중립도 이와 마찬가지다. 하나 더 추가하자면 중립은 모두에게 긍정적인 결과를 가져다주는 매우 효과적인 방법이라는 것이다. 일단 한 번 중립적인 태도를 취해 보라. 긍정적인 일이나 부정적인 일은 무시하고 그저 힘의 균형을 맞추기 위해 노력해 보라. 물리학의 원자이론에 비추어 보면 당신은 어느 순간 긍정적인 곳에 서 있음을 발견하게 될 것이다. 이는 중립이 긍정과 연결될 수 있는 가장 강력한 힘이기 때문이다. 그러나 많은 사람들은 이를 쉽게 받아들이지 못한다. 이들은 무조건 긍정적인 생각만이 옳다고 생각하여 마음속에 떠오르는 부정적인 것들을 제거하려고 애를 쓴다. 하지만 이런 노력은 마치 파도가 이는 바다를 매끄럽고 평평하게 하기 위해서 다림질을 하려는 것과 같다. 또는 막대자석의 남극을 잘라내어 북극만 있는 자석을 만들어 보려는 노력과 똑같다. 정말 어리석은 헛수고일 뿐이다. 세 가지 힘의 균형은 삶의 본질적인 모습을 반영한다. 긍정적인 결과를 만들어내기 위해 끊임없이 밖으로 나가 부정적인 생각과 맞서 싸우는 관리자들을 보라. 그들은 기대하고 노력했던 것과는 달리 성공하지 못하고 낙담한다. 그리고 왜 그들이 성공하지 못하는지에 대해 여전히 깨닫지 못한다.

중립의 힘은 사회를 움직이기 위한 방편으로도 활용될 수 있다. 정부는 조직폭력배들의 활동을 제한하기 위해 더 많은 경찰들을 고용한다. 그럼에도 불구하고 이들의 횡포는 더 잔인해지고 격렬해진다. 또 불평등 문제를 해결하기 위해 정부 차원에서 많은 사회복지 프로그램들을 쏟아내기도 한다. 그렇지만 미혼모들의 숫자는 여전히 늘어나기만 할 뿐이다. 사람들은 새로운 제도들이 자신들의 기대와 반대되는 결과를 초래하는 것에 대한 이유를 모른다. 나는 이런 원인에 대해 설명할 수 있다. 우리는 대항하고자 하는 일들에 대해 우리의 힘과 에너지를 쏟아낼수록 그들의 힘도 더욱 강력해질 수밖에 없다. 우리가 거부하려고 노력할수록 문제의 생명력은 더욱 강해지는 것이다. 우리가 반대하는 것은 힘이 더욱 강해진다. 따라서 사회의 전반적인 문제들을 해결하려면 기존의 잘못된 시스템이나 결점들을 찾아내는 데에 집중하기보다는 시스템의 균형을 맞추기 위해 노력해야 한다. 진정한 해결책이란 시스템을 전체적으로 조망하는 것을 의미한다.

## 우리가 거부하려는 것은 결코 사라지지 않는다

주디 스미스라는 한 여성이 있다. 그녀는 두 개의 직업을 갖고 있었는데 하나는 전문적인 심리치료사였고 또 하나는 유능한 기업 컨설턴트였다. 그녀는 두가지 직업으로 성공하기 전까지 힘든 시간을 보내야만 했다. 그녀가 기업 컨설턴트로서 처음 일을 시작했을 때, 고객들에게 비즈니스 분야에 대한 경력이 부족하다는 소리를 들을까봐 몹시 두려워했다. 당시 그녀는 컨설턴트보다는 치료사로서 더 알려져 있었기 때문이다. 자신감이 부족했던 그녀는 자신의 웹사이트와 명함에 치료사 경력들만 적어 놓았다. 사람들은 그녀를 전문치료사로만 생각하고 스미스 박사라고 불렀다. 이 때문에 비즈니스 관련 고객들은 그녀가 기업 컨설턴트의 전문가라서 박사로 불리는 것으로 착각했다. 그러다가 얼마 지나지 않아 사람들은 그녀가 치료사이기 때문에 박사라고 불렸다는 사실을 알게 되었다. 사람들은 그녀를 비웃기 시작했다. 그녀가 두려워하고 무서워했던 일이 현실이 된 것이다. 그녀는 여기서 낙담하지 않고 용기를 냈다. 사람들 앞에 서서 자신이 치료사로서 성공할 수 있었던 경험들을 당당히 밝힌 것이다. 그리고 자신의 이름에서 '박사' 라는 단어를 스스로 빼버렸다. 치료사로서 그녀가 훌륭하게 일을 해냈던 사례들과 창의적으로 비즈니스를 이끌어 왔던 경험들만 이야기했다. 얼마 지나지 않아 사람들은 그녀의 말에 귀를 기울이기 시작했다. 현실을 있는 그대로 받아들이고 수용함으로써 중립의 위치에 다시 설 수 있었던 것이다.

간섭형 관리자는 늘 일터에 존재하는 부정적인 요소들을 제거해야 한다는 중압감에 시달린다. 그래서 사람이나 사건들을 믿지 못하고 부정적으로 판단하기만 한다. 그들의 의식은 늘 문제에만 집중되어 있다. 하지만 문제들은 관심을 가지면 가질수록 더 큰 문제로 확대될 뿐이다. 그래서 중립을 지키지 못하는 관리자들은 문제를 고쳐보거나 감추어보기도 하고, 비판하고 통제하려는 잘못된 노력들을 통해 또 다른 실패를 맞이하게 된다. 그리고 이런 결과는 또다시 그들이 중립의 태도를 취할 수 없도록 방해하는 악순환이 이어진다. 이런 이유 때문에 직원들에 대해 일일이 간섭하는 관리자들은 사람들에게 배척당하고 무시당하게 된다. 왜냐하면 이런 관리자들은 사람들을 항상 판단하고 비판하려 하기 때문이다. 우리는 부정적인 생각을 포기하는 간단한 행위를 통하여 무간섭형 관리자가 될 수 있다. 판단을 피한다면 자유로운 팀의 분위기를 조성할 수 있다. 이런 분위기 속에서 직원들은 자유롭고 창의적인 아이디어를 창출해낼 수 있게 된다. 아이디어가 쏟아져 나오는 일터, 모두에게 얼마나 즐겁고 신이 나겠는가?

> 모든 사람은 무분별하게 일어나는 문제들에 대해 균형을 맞춰보려는
> 본능적인 욕구를 갖고 있다.
>
> – 야코프 바서만 Jakob Wassermann –

앨런 왓츠 Alan Watts는 "인간의 자아가 자신의 입장을 방어한다."는 표현을 종종 사용하곤 했다. 일터에 있는 개인들의 자아를 가리키는 정확한 표현이다. 조직에서 고립되었다고 느낄 때 우리는 어떻게 해서든 자신의 위치를 방어하려고 노력하고 애쓴다. 그러나 조직의 전체 시스템에 순응하지 않고 자신의 위치만을 고집한다면 우리들의 자아는 더욱 위축되고 작아질 것이다. 당신은 조건과 판단 없이 당신의 있는 그대로의 모습을 받아들여야 한다. 그것이 자신을 가장 위대하고 능력 있는 사람으로 만들 수 있는 기본적인

성공은 중립의 위치를 지키는 사람의 몫이다

토대이다. 안타깝게도 많은 사람들이 이런 사실을 간과하고 있다. 중립의 힘은 사람들이 모든 가능성에 대해 마음을 열고 관찰할 수 있도록 돕는다. 다른 부서의 사람들과 이야기를 나눈다면 그들의 입장에서 이야기를 들으려고 노력해 보라. 그러면 당신은 회사 전체의 시스템이 무엇을 필요로 하는지를 알 수 있게 될 것이다. 그러면 자신의 위치를 방어하려는 노력을 하지 않고 더 넓은 시각으로 사물을 바라볼 수 있게 된다.

협상에서도 중립은 빠질 수 없는 중요한 개념이다. 서로에게 이익이 될 수 있는 타협점을 찾아야 협상도 가능하고 성공적인 비즈니스도 가능하기 때문이다. 장기근속과 단골고객을 원하는가? 그렇다면 항상 중립을 유지하라. 이것이 가장 효과적인 방법이다. 간섭형 관리자들은 협상을 할 때 상대방에게 최고의 대접을 해 주는 일이 가장 유용한 전략이라고 생각한다. 어느 프로 운동선수들은 유능한 에이전트를 둔 덕에 수백만 달러의 계약을 성사시킬 수도 있다. 그러나 그 해에 좋은 성적을 거두지 못하면 팬들에게 비난을 받고 불명예와 수치심을 안고 스포츠계를 떠나야 한다. 반면 중립은 당신에게 가장 정직한 해결방안을 가져다준다. 무엇보다도 중립은 억지로가 아니라 자연스럽게 긍정적인 결과를 이끌어낼 수 있도록 당신을 돕기 때문이다. 문필가이자 사회과학자인 데이비드 호킨스 David Hawkins는 가장 강한 힘은 '주는' 행위에서 비롯된다고 말했다. 반면 람보 컴퓨터 게임에 익숙해진 사람들은 '주는'

행동이 가장 큰 힘을 만들어낸다는 사실을 전혀 깨닫지 못한다. 아이러니컬하게도 이런 사실을 가르쳐 준 사람은 무예계의 영웅인 브루스 리<sup>Bruce Lee</sup>였다. 그의 몸무게는 51킬로그램에 불과했지만 당시의 브루스 리는 지구상에서 가장 강력한 무술가였다. 어느 누구도 그를 미국의 최상급 권투선수에 비교하지 않았다. 언젠가 그는 이렇게 말했다. "진정한 무술인이 되기 위해서는 자기 자신을 물로 만들어야 합니다. 물은 어디에도 스며들 수 있고 어떤 것이든 전부 수용하기 때문이죠." 이 말이 사실이라면 어떤 덩치 큰 미국인 권투선수들도 브루스 리를 당해낼 수 없을 것이다. 왜냐하면 권투선수들은 그들의 밖을 향해 펀치를 날리고 자신의 앞에 서 있는 사람의 펀치를 방어하려고 몸부림치기 때문이다. 브루스 리는 또 이렇게 말했다. "나는 물과 같은 사람입니다. 그렇기 때문에 나와 싸운다는 것은 마치 나라는 바다에 뛰어드는 것과 같습니다. 무술인이든 평범한 인간이든 물과 같아질 수 있는 사람은 가장 강한 모습을 가진 사람입니다."

## 물처럼 부드럽고 수용적인 브루스 리와 알리

물은 부드럽고 수용적이다. 그렇지만 한 도시를 뒤엎고 남을 정도로 엄청난 힘을 가졌다. 브루스 리는 이런 의미에서 미국에 있는 가장 강한 권투선수는 무하마드 알리<sup>Mohammed Ali</sup>일 것이라고 말했

성공은 중립의 위치를 지키는 사람의 몫이다

다. 알리의 움직임은 마치 춤추는 나비와 같다. 그래서 상대방이 그에게 펀치를 날리면 그는 유연하게 허리를 꺾어 쉽게 펀치를 피하곤 했다. 결국 상대방은 알리가 아닌 자신 또는 허공을 향해 펀치를 날리는 상태가 되고 만다. 이는 마치 불에 뛰어드는 나방의 모습과도 같다. 그들은 알리의 중립적인 상태에 빠지게 된다. 어느 정도 시간이 흐르고 나면 상대방은 너무 지쳐서 자신의 팔조차도 제대로 가누지 못하게 된다. 그러면 알리는 즉시 상대방에게 달려들어 경기를 끝내 버린다. 마치 벌처럼 재빠르게 말이다. 그는 결코 경기 초반에 상대에 대항하여 적극적으로 싸우는 법이 없었다. 비저항이 바로 그의 성공을 가져온 중립적인 자리였던 것이다.

미국의 전 국무장관인 헨리 키신저 박사Dr.Henry Kissinger는 당대의 가장 훌륭한 협상가 중의 한 사람이었다. 그 어떤 사람도 그의 감정을 상하게 하지도 못했고 화가 나게 하지도 못했다. 그 누구도 키신저 박사를 방어전선으로 몰아세우지 못했다. 왜냐하면 그는 항상 상대방의 위치에 서서 생각했기 때문에 전체적인 시스템을 읽고 양측 사이에 이익이 되는 방법으로 문제들을 해결했기 때문이다. 듀웨인 블랙 또한 여러 해 동안 토지 획득에 관한 성공적인 협상을 이끌어냈다. 그는 이렇게 말했다. "협상할 때에는 먼저 상대방이 얻고자 하는 바를 먼저 찾아내야 한다. 이를 채워줌으로써 우리는 기대하는 것 이상의 결과를 얻을 수 있다. 하지만 이런 현상은 놀라울 정도로 현실에서 자주 일어난다. 먼저 자신의 갈증이

해소되어야 다른 사람들에게 더 좋고 풍성한 것들로 돌려주고 싶어 하기 마련이다."

무간섭주의 원칙을 지키는 협상 전문가는 결코 인위적으로 거래를 성사시키기 위해 노력하지 않는다. 그들은 어떤 결과물을 만들어내기 위해 집착하지도 않는다. 그들은 주로 협상 테이블의 뒤로 물러나 이렇게 이야기하곤 한다. "내가 이 협상을 통해 진정으로 원하는 것은 나의 필요를 채우려는 것이 아닙니다. 우리 모두에게 유익한 방법을 찾는 것이 목적이지요. 서로에게 이익이 되는 결과를 도출할 수 없다면 우리는 이 협상을 조금 더 미뤄야 합니다." 중립이 있는 곳, 거기가 바로 모든 힘이 집중되는 장소이다. 일만 잘 될 것이라면 어디로 물러서는지는 중요한 일이 아니지 않은가? 듀웨인은 또 이렇게 말했다. "중립성이 갖고 있는 힘을 알게 되면 매우 놀라게 될 겁니다. 협상이 진행되는 동안 상대방은 당신과의 거래가 얼마나 가치 있는 일인지를 뼈저리게 느끼게 되거든요."

고교 시절을 기억하는가? 흥미롭게도 여자 아이들은 유혹할 수도 없고 좋아하는 마음을 접을 수도 없게 만드는 남학생에게 매력을 느낀다. 반면 온갖 구애를 하며 환심을 사려고 필사적으로 노력하는 남학생들은 쳐다보지도 않는다. 사람들은 필요에 의한 관계는 달가워하지 않는다. 어느 누구와도 그런 관계를 맺고 싶어 하지 않을 것이다. 필요는 사람을 굉장히 비굴해 보이게 만들기도 한다.

스토커가 범죄자로 취급되는 것은 이런 이유 때문이다.

다른 사람의 필요는 우리의 일부를 빼앗아간다. 이는 그 사람이 우리를 통제하려 드는 것과 같다. 그런데 우리는 통제 받는 것을 좋아하지 않는다. 우리는 자유를 원한다. 그것이 바로 우리의 본성이다. 중립의 특징은 모두에게 가능한한 최고의 결과를 만들어낸다는 것이다. 여기에는 '억지로'라는 개념은 없다. 우리가 원하는 방향대로만 의견을 고집하는 것이 아닌, 열린 마음을 갖고 서로에게 더 좋은 결과를 줄 수 있는 다양하고 새로운 아이디어들을 가볍게 수용할 수 있어야 한다. 이것이 가능하다면 우리는 굳이 자신을 방어하기 위해 노력할 필요가 없게 된다. 왜냐하면 우리는 외형적으로 더 높아 보이고 좋아 보이는 특정 결과에 대해 더 이상 집착하지 않기 때문이다. 그것이 바로 무간섭형 관리자가 갖고 있는 중립의 힘이다.

제3장를 읽은 후 당신이 단계적으로 행해야 할 3가지 행동 :

• 협상 테이블에 앉기 전에는 잠시 동안 개인적인 시간을 가져라. 자신을 중립의 세계로 들어갈 수 있도록 시간적 여유를 갖는 것이 도움이 된다.

• 협상을 통해 일어날 수 있는 좋은 일들에 대해 적어 보라. 또한 협상 과정에서 발생 가능한 최악의 경우에 대해서도 생각해 보고 이것으로 인해 마음이 동요되지 않도록 생각을 정리하라. 협상이 특정한 방법으로 진행되어야만 한다는 강박관념을 버리고 중립의 위치에 서라.

- 팀원들 중 당신이 별로 좋아하지 않았거나 쉽게 관계를 맺지 못한 사람들과 개별적인 면담시간을 가져 보아라. 업무에 대한 내용은 모두 배제한 채 그들이 가진 개인적인 일들에 대해서만 이야기를 나누어 보라. 아니 정확히 말하자면, 대화를 나누기보다는 그들의 이야기를 계속해서 들어 줘라. 이렇게 듣다 보면 당신은 자신 앞에 앉아 있는 그 사람이 이제껏 만났던 그 어떤 스승보다도 더 훌륭한 스승임을 깨닫게 될 것이다. 당신이 좋아하는 사람들은 최고의 스승이 될 수 없다. 좋은 관계를 맺지 못했던 사람들을 통해서만 중립의 위치에 서는 방법을 배울 수 있는 것이다.

제4장

# 현재의 삶에
# 집중하라

세상은 당신이 노력하는 것 이상의 것을 가져다준다.

– 앨런 코헨 Alan Cohen –

카일의 펜트하우스 사무실에서는 애틀랜타 시내가 창문 너머로 한눈에 보인다. 나는 이 사무실에서 그를 처음 만났다. 그리고 소파에 앉기 무섭게 그는 자신이 가진 미래에 대한 걱정과 스트레스를 홍수처럼 쏟아냈다. 그는 마치 미래에 대해 걱정을 하는 것이 자신의 의무라고 생각하는 것처럼 보였다.

"아무리 일을 해도 끝이 없어요." 카일이 말했다. "하루 동안에 끝내야 할 일들이 너무 많아요. 어떤 날엔 저 창문 밖으로 확 뛰어내리고 싶은 생각이 들 정도라니까요."

"뭐, 그것도 하나의 방법이겠네요. 내가 여기 앉아 있는 동안 당신이 뛰어내리지 않는다면 나는 코치로서 당신에게 창문 밖으로 뛰어내리라고 권할지도 몰라요." 나는 웃으며 농담조로 대답했다.

그는 심각하게 다시 물었다. "당신이 나라면 어떻게 할 것 같습니까?"

"내가 당신이라면 나는 창문 밖으로 뛰어내리는 대신에 휴가를 떠날 겁니다."

이 대답을 들은 카일은 쓴웃음을 지었다. 그러나 일상에서의 탈출은 그가 직면한 문제들을 해결하기 위해 취할 수 있는 최후의 방법이었다.

그래서 나는 그에게 이렇게 제안했다. "카일, 지금 당장 잠시 여행을 떠나 봅시다. 여행을 하다 보면 문제들을 해결할 수 있는 방법을 찾을지도 몰라요."

"그렇게 해 보지요."

"좋아요. 그럼 눈을 감고, 잠을 자기 위해 누웠을 때처럼 편안하게 몸을 기대세요. 그리고 당신의 인생에서 가장 행복했던 순간으로 마음의 여행을 떠나 봅시다. 내면으로부터 가장 평화로움을 느꼈던 마지막 순간은 언제였던가요? 그 순간부터 시작해 봅시다."

카일은 잠시 머뭇거렸지만 곧 눈을 감고 이렇게 말했다.

"마사틀란Mazatlan으로 여행을 간 적이 있어요. 그 여행에서 가장 좋았던 것은 아침에 일어나도 해야 할 일이 하나도 없었다는 것입니다. 그때 나는 여행에 대한 계획을 하나도 세우지 않고 홀가분하게 떠났었거든요. 나는 자고 싶을 때까지 푹 잤어요. 그리고 아침에 일어나자마자 정원으로 가서 흐르는 시냇물을 바라봤어요. 마치 천국에라도 온 듯한 기분이었습니다."

"그럼 그곳에서는 아무것도 안 했었나요?"

"아니요. 우리 일행은 그곳에서 재미있는 일들을 많이 했어요.

하루하루가 정말 행복했습니다. 내가 이렇게 스트레스를 받지 않고 살 수도 있구나 싶어서 정말 놀랐구요. 나는 그곳에서 현실은 까마득하게 잊고 그저 하고 싶은 것만 하면서 시간을 보냈어요."

"그럼 꽤 많은 것들을 했겠네요?"

"네, 그랬어요. 하지만 그때 했었던 것들은 전부 즐거웠습니다."

"혹시 그때 했던 것들에 대해 목록을 작성했었나요?"

"아니요. 우리는 그저 생각하고 행동했을 뿐이에요. 심지어는 낚시를 하러 가려고 해도 우리는 출발 전까지 아무런 계획을 세우지 않고 떠났지요. 그때는 단지 우리에게 주어지는 대로 한 번에 한 가지씩 하고 싶은 것들을 했었죠."

"그렇군요. 이제 마음속에 조금씩 감이 오지 않나요, 카일?"

"마사틀란으로 이사를 가라는 말씀이시군요?"

"뭐 그럴 수도 있겠고……."

"무슨 뜻이죠?"

"방금 당신이 말했잖아요. 스스로에게 대답했지 않았나요?"

"내가 뭐라고 했는데요?"

"한 번에 한 가지씩만 한다고 말했었죠."

카일은 잠시 생각하더니 곧 다시 말을 이어나갔다.

"여기서는 그게 불가능합니다."

"그래요? 그럼 내가 들어오기 전까지 당신은 사무실에서 무얼 하고 있었죠?"

"제안서 하나를 막 끝내던 참이었어요. 사실 당신이 사무실로 걸어 들어오는 동안에 그 문서들을 전송해서 넘겼습니다."

"그렇다면 그것은 당신이 하던 일들 중의 하나로군요."

"그렇다고 할 수 있죠."

"자, 이제부터는 한 번에 하나씩만 하는 삶에 대해서만 생각해 봅시다. 당신은 지금껏 그렇게 살았어요. 앞으로도 계속 그럴 거고요. 한꺼번에 모든 일을 다 하려고 하는 것의 문제점이 무엇인지 아세요? 바로 미래에 대해 겁을 먹게 된다는 겁니다. 우리가 스트레스를 받는 이유 중의 하나는 마음속에 해야 할 일을 100가지씩이나 담아 놓기 때문이죠."

이런 식으로 나와 카일은 사람이 할 수 있는 것 이상으로 하려는 것은 불가능하다는 사실에 대해 오랫동안 대화를 나누었다. 나는 그가 하루 동안에 끝내려 했던 100가지의 스케줄에 대해 걱정하지 말라는 말로 코치를 시작했다. 곧 그는 산더미처럼 쌓여 있는 목록들을 서랍 안에 넣어두는 법을 배웠다. 그리고 그는 마사틀란에서의 생활처럼 한 번에 한 가지의 일만 처리하는 방법을 적용하기 시작했다. 그것이 그가 코칭을 통해 배웠던 전부였다. 그는 단지 현재의 삶을 마사틀란의 삶처럼 살아가는 법을 배웠을 뿐이었다. 그러자 그는 자신이 행복하고 편안한 마음을 가질 때에야 비로소 성공도 가능하다는 사실을 덤으로 깨우쳤다. 이렇게 그는 현재의 순간을 살아가는 방법을 배워나갔다.

독자 여러분들도 카일처럼 하루에 처리해야 할 방대한 업무에

끌려가는 삶이 어떤 것인지를 잘 알고 있을 것이다. 그러나 어마어마한 양의 업무들은 대부분이 현실이라기보다는 단지 당신의 생각일 뿐이다. 카일과 같은 관리자들은 100개의 스케줄 목록들을 보고는 지레 겁부터 먹는다. 그래서 그들은 자신이 진짜로 집중해야 할 일에 시간과 노력을 쏟기보다는 굳이 필요하지 않은 일에만 매달리기 쉽다. 하지만 그가 진정으로 집중해야 할 일은 산더미같이 쌓여 있는 업무들을 처리하기 위해 투쟁하는 것이 아니다. 미래에 기여하기 위해 현재의 순간에서 할 수 있는 것이 무엇인지를 찾아내고, 바로 그 일을 하기 위해 노력하는 것이 바로 자신의 임무이다. 그렇게 해야만 창의적인 아이디어도 얻을 수 있고, 일을 능률적으로 진행할 수 있다. 진정한 힘이란 지금 당장 이 순간에 결과를 창조해내는 능력을 의미한다.

> 업무를 능률적으로 처리하는 관리자들의 공통점은 일에 대한 우선순위를 매긴 뒤
> 한 번에 하나씩 차근차근 일을 처리해 나간다는 것이다.
>
> − 피터 드러커 Peter Drucker −

무간섭 관리란 과거와 단절하고 미래에 대해 손을 떼는 것이다. 현재에 집중해야 한다. 일의 생산성은 현재에서만 발생하기 때문이다. 지금 이 순간에 부하 직원들이 자유롭고 창의적인 환경에서

아이디어를 떠올릴 수 있도록 도와줘라. 그러면 당신이 이끄는 조직이나 팀에게 성공은 저절로 찾아온다. 우리는 창의적으로 생각하고 행동할 수 있을 때 더 높은 수준으로 성장하고 발전할 수 있다. 창의적인 활동은 현재의 순간에 일어나는 것이며 결코 미래에 일어나는 것이 아니다. 생각을 미래에 고정시키면 걱정과 근심이 우리 곁을 떠나지 않는다. 과거에 집착한다면 우리는 후회나 원망만을 늘어놓게 될 것이다. 굳이 이런 생각들을 하면서 살 필요가 있을까?

성공하려면 과거와 미래에 대한 집착을 버려야 한다.

## 고정된 생각과 창의적인 아이디어의 차이

전문 작가들은 글을 쓰는 데 있어서 방해 요소 중의 하나로 미래에 대한 생각을 꼽는다. 고정된 생각은 자유롭고 창의적인 아이디어를 떠올리는 데 방해가 되기 때문이다. 또한 고정된 생각은 하루 종일 감정의 롤러코스트를 타는 것과 비슷하다. 왜냐하면 사소한 집착과 걱정은 늘 우리의 마음 상태를 불안정하게 만들기 때문이다.

성공하기 위해 매일 고군분투하며 살아가는 상사들과 함께 일해 본 적이 있는가? 그들의 생각이 어떤지는 그들이 하는 말을 통해 쉽게 알 수 있다. "여기저기서 전화는 계속 걸려오지요, 찾아오는 손님은 끊이질 않지요, 심지어는 날아오는 이메일도 산더미라니까요. 그렇지 않아도 요즘 개인적인 문제까지 터져서 골머리가 아파 죽겠는데, 저 구석에 앉아 있는 직원은 시종일관 인터넷 게임에나 빠져 있고 말야. 제안서 마감일도 다가오지요, 회의도 준비해야 하지요, 게다가 이번 주에는 어느 강연에 있을 연설문도 준비해야 하는데……."

이 사람의 생각 속에 가득한 모든 스트레스의 요소들을 살펴보자. 무간섭형 관리자들은 이런 생각들 중에서 가장 필요한 딱 한 가지만을 선택하여 집중하는 능력을 가진 사람들이다. 예를 들면, 먼저 울리는 전화만 받거나 전화기를 음성사서함으로 돌려놓을 수도 있다. 그런 다음 메시지를 확인할 수 있을 정도의 여유가 생기면 그때 메시지들을 확인한다.

무간섭형 관리자들은 창조자이다. 그들은 한 번에 하나의 상황들을 순서대로 처리한다. 그렇게 함으로써 더 좋은 결과들을 만들어낸다. 반면 간섭형 관리자들은 반응자라 할 수 있다. 이들은 하루 동안 꽉 잡혀 있는 스케줄을 알람소리에 맞춰 무의식중에 반응하고 일들을 처리한다. 그래서 이들의 삶은 늘 긴급 상황의 연속이다.

우리는 우리 자신을 창조자의 모습으로 변화시킬 수 있는 능력을 갖고 있다. 이 '창조자'라는 단어는 무에서 유를 창조하는 종교적인 용어로 들릴 수도 있을 것이다. 이에 대해 디팩 초프라는 하나님이 자신의 본보기라고 말했다. 그래서 창조적인 행위를 통해 창조자의 모습으로 살기를 원했다. 우리가 그것을 알고 있든 모르든 삶에서 창조 능력을 가꾸어 나가야 한다. 이 창조력은 삶을 더 행복하고 만족스럽게 해 준다. 우리 모두는 창조할 수 있는 능력을 갖고 있다. 다만 우리가 집중해야 할 대상을 잘못 찾았을 때 우리는 그 능력을 잃을 수 있다. 인간의 의식에 대해 연구하는 바이런 케이시는 이렇게 말했다. "미래를 추구하는 길은 불행을 자초하는 길이다." 어떤 결과를 이끌어내길 원한다면 지금 당장 그것을 위해 행동해야 한다. 우리는 결과를 만들어낸답시고 미래에서 행동하거나 실행할 수 없다. 또 어떤 과거의 일도 취소시킬 수는 없다. 오직 이 현재의 순간을 성실히 살아갈 때에만 우리는 발전할 수 있다. 지금 우리가 서 있는 신성한 현재의 순간이 바로 우리에게 일을 할 수 있는 기회를 주는 곳이지 않는가.

우리는 왜 창조력을 기르기 위해 노력해야 할까? 왜냐하면 돈이나 물질과 같은 그 어떤 것도 창조력보다 더 삶을 즐겁고 신나고 열정적으로 만들 수는 없기 때문이다.

– 브렌다 유랜드 Brenda Ueland

## 두려움에 집중하지 마라

일을 하다 보면 종종 감정이 상하는 일을 겪을 수 있다. 그런데 그 즉시 문제를 해결하려 든다면 문제는 효과적으로 해결되지 않을 것이다. 왜냐하면 침체된 상태에서는 창의적으로 생각하기가 어렵기 때문이다. 먼저 기분을 새롭게 전환해라. 그럼 다음 감정적으로 생각하지 않고 문제를 현실적으로 인식할 수 있는 상태가 되면, 그때 문제를 해결하기 위해 노력하라. 그러면 문제를 해결할 수 있다.

무간섭형 관리자들은 위기를 기회로 볼 줄 안다. 일어나지 않았더라면 좋았을 일이라도 그런 사람들의 손을 거치면 부하 직원들에게 성공의 기회를 제공하는 씨앗으로 변한다. 발생한 문제에 대해 탓만 하고 비판한다면, 이는 미래에 있을 재앙의 씨앗을 뿌리는 것과 같다. 부하 직원 중의 한 사람이 마약중독자였다고 가정해 보자. 그런 사실을 알게 된 당신이 그 점에 대해 지적하고 비난한다면 그 사람은 분명 감정이 상할 것이다. 대신 그 직원에게 이전의 문제들을 잘 극복하고 해결했던 것처럼 현재의 문제들도 경험을 통해 잘 극복해 나간다면 더 나은 결과를 이끌어낼 수 있을 것이라며 자신감을 심어준다고 해 보자. 그러면 그 사람은 당신으로 인해 훨씬 더 나은 새로운 삶을 꾸려 나갈 수 있게 될 것이다.

## 간섭형 관리자에게는 근심거리가 너무 많다

　간섭형 관리자들은 늘 걱정과 한숨 속에 직원들과 고객들을 대한다. 이런 사람들은 문제에 대해 충분히 걱정하고 고민하지 않으면 결코 문제를 해결할 수 없다고 믿는 경향이 있다. 그래서 대부분 내면에 두려움이 웅크리고 있다. 이들에게 가서 마음의 안정과 행복을 찾아야 일도 비즈니스도 성공한다고 말해 보라. 그러면 분명 이렇게 대답할 것이다. 그런 사고방식으로는 오히려 일을 그르치게 될 것이라고. 이런 사람들은 두려움이라는 동기가 없으면 그 누구도 문제를 해결할 수 없다고 생각한다. 그래서 자신이 갖고 있는 두려움의 동기를 다른 사람들에게도 강요하고 요구한다. 간섭형 관리자들은 성과를 내야 한다는 강박관념 속에 스스로를 밀어넣는다. 일을 진행하기 위해 지금 당장 할 수 있는 일에 대해서는 집중하지 않는다. 영업부를 예로 들면, 고객 명단을 확인하거나 고객서비스를 위해 전화 한 통 거는 일에는 그다지 신경을 쓰지 않는다. 그런 행동이 미래의 부와 성공을 가져오는 열쇠라는 것을 모르기 때문이다. 대신 자신을 둘러싼 문제에 집중한다. 사람들이 그에게 안부라도 물어오면 항상 자신을 괴롭히고 있는 근심거리들을 토해 놓는다.

　반면 영업부서의 무관섭형 관리자들은 그런 식으로 일을 처리하지 않는다. 그들은 우선 부하 직원들에게 현재의 순간을 창의적으로 개선해 나갈 수 있는 방법을 가르친다. 그리고 자신들이 팔고 있는 상품에 대해 정확히 이해할 수 있도록 끊임없이 공부하고 연구한다. 심지어는 상품을 판매하는 지역에 대한 이해를 높이기 위해 지역신문이나 방송 등을 통해 지역의 주요 쟁점들이 무엇인지에 대해서도 조사한다.

이런 모든 일들이 바로 지금 당신이 집중할 수 있는 일들이다. 한 조사에 따르면, 대부분의 영업사원들이 영업하는 데 사용하는 시간은 하루 24시간 중 한 시간 반에 지나지 않는다고 한다. 이는 판매가 아닌 다른 문제에 집중하기 때문이다. 위기를 성공으로 전환시킬 수 있는 영업사원들은 과거나 미래의 것들보다는 현재의 삶을 충실히 하는 것이 도전적인 삶이라고 생각한다. 하루하루 성장을 거듭하는 영업사원들의 특징은 일에 대한 의도와 목적을 파악하는 것에서 시작한다. 또한 이들은 자신에게 스트레스를 주는 요소들을 잊기 위해 노력한다. 이들에게 있어서 스트레스란 여러 방법으로 해결 가능한 대상이 될 뿐이다.


당신이 현재의 삶을 살고 있는 관리자라면 당신이 이끄는 팀이나 조직을 전진시킬 수 있다. 당신은 팀원 간의 커뮤니케이션에 집중하고 모든 직원들의 경험을 존중한다. 그리고 당신의 주변에서 일어나는 모든 상황 속에서 교훈과 가치를 발견한다. 또한 다른 사람을 돌보고 존중할 줄 안다. 다른 사람이 자신을 어떻게 보는지에 대해서만 관심을 갖는 것이 아니라, 상대방을 더 깊이 알아가고 도울 수 있는 방법을 찾는 것에 더 관심을 갖는다. 그리고 상대방을 고치려 하지 않고, 다른 사람을 있는 그대로 받아들임으로써 서로에게 유익함을 줄 수 있는 합의에 도달할 수 있도록 파트너십을 구축한다.

아직도 많은 사람들이 나약한 리더들이나 그런 방법을 사용한다고 생각한다. 하지만 결코 그렇지 않다. 개인의 감정이 불안정한 상태에서는 다른 사람에게 순수하게 친절을 베풀 수 없다. 때문에 그렇게 행동을 하는 사람들은 더 강하면 강했지 나약한 리더는 아니라는 것이다. 동시에 다른 사람들에게 영감을 주어 획기적이고 훌륭한 성과를 낼 수 있도록 하기 위해서는 명료하게 사고하는 습관을 들여야 한다. 그래야만 창의적인 커뮤니케이션을 이끌어가는 동시에 팀을 위한 확실한 목적도 제시할 수 있다.

목적을 갖는다는 것은 매우 중요하다. 하지만 목적과 목표는 엄연히 다르다. 이 차이를 아는 것도 성공에 있어서 매우 중요한 일이다. 회사의 목표와 성공을 향한 개인의 노력은 다음과 같은 모습으로 나타난다. "내가 계획한 만큼 목표치를 달성하지 못하면 나는 크게 실망하고 낙담하겠지? 내심 기대를 많이 했던 일인데, 혹시라도 실패하게 되면 나는 정말 좌절하고 말거야."

확실한 것은 이런 생각을 하는 사람들이 스트레스를 많이 받는다. 이런 생각은 불안정한 심리 상태를 만들고 스트레스를 줄 뿐이다. 우리가 스트레스를 받고 있으면 성공을 위한 최적의 상태를 만들어낼 수 없다. 이는 단지 게임에서 승리하기 위해 1점을 더 얻고

못 얻고의 문제가 아니다. 내면에 쌓인 스트레스와 걱정은 게임에서 지는 것 이상으로 우리에게 불안정한 심리 상태와 정신적인 충격을 안겨주기 때문이다. 따라서 우리는 성공을 위해 내면의 안정과 평화를 우선적으로 추구해야 한다. 이렇게 생각하면 쉽다. '끝내 내가 도달하려 했던 목표치를 채우진 못했지만 나는 좌절하지 않을 거야. 다른 사람들에게는 무능력해 보일지 몰라도 나는 이런 실패를 거뜬히 이겨낼 수 있기 때문에 난 강한 사람이야. 그건 단지 하나의 목표에 불과했어. 이번에는 실패했지만 결코 포기하지 않을 거야. 아직도 나에게는 새롭게 도전할 수 있는 좋은 방법들이 많이 남아 있어.'

이렇게 생각할 수 있다면 당신은 훨씬 더 강한 사람이다. 실패와 함께 자신에 대한 실망을 이겨낼 수 있는 사람이 진정으로 강한 사람인 것이다. 목적을 통해 당신은 브루스 리가 말했던 것처럼 물과 같은 상태가 될 수 있다. 당신이 물과 같은 상태가 될 수 있다면 언젠가는 당신이 가진 진정한 모습과 에너지를 통해 당신의 목적을 이룰 수 있다. 목표의식은 당신에게 스트레스만 주고 불안정한 심리 상태로 이끌어갈 것이다. 목표를 이뤄내지 못하면 안 된다는 강박관념도 마찬가지이다. 목적이란 이루거나 달성해야 할 것이 없다. 목적은 당신 내면에 늘 존재하기 때문에, 묵묵히 당신의 삶이 목적과 같은 방향으로 흘러가도록 이끌어가기만 하면 된다. 목적을 당신 인생의 나침반으로 사용하기만 하면 되는 것이다. 목적은 당신의 내면에서 비롯되는 가장 강력한 힘이다. 반면에 목표란 당신이 도달하고자 하는 외면의 장소이다. 진정으로 성공한 사람들은 미래에 외부적으로 발생할 결과에 대해 관심을 끄고, 물이 흐르듯 현재의 삶에서 성공을 이끌어내는 사람들이다.

제4장를 읽은 후 당신이 단계적으로 행해야 할 3가지 행동 :

- 당신에게 스트레스를 주는 외적 목표의식은 모두 버려라. 대신에 당신이 현재 해야 할 업무 리스트를 간단하게 작성하라. 예를 들면 '내가 오늘 해야 할 일 세 가지' 와 같은 형식으로 말이다. 그리고 그 중의 하나를 선택해서 지금 당장 실천하라.

- 세 가지의 목록 중에서 하나의 업무가 끝나면(한 번에 하나씩) 자신이 끝낸 업무에 동그라미를 쳐라. 작은 뿌듯함을 느낄 수 있을 것이다. 그럼 다음, 다음 페이지를 넘겨 두 번째 목록을 실행에 옮겨라.

- 사람들과 교제하기 위해 만날 때에는 그 시간을 위한 준비하는 시간을 가져라. 우선은 '한 번에 하나씩'의 원칙을 지켜가며 급한 일들을 일찍 끝내라. 그리고 그 사람과 만나는 순간부터는 온전히 그와의 대화에만 집중하라. 느긋하게 여유를 갖고 그 사람과의 관계를 새롭게 발전시키기 위해 노력하라. 당신 앞에 앉아 있는 사람과의 관계가 당신이 미래에 달성해야 할 목표보다 훨씬 더 중요하다.

제5장

# 성공은 자신에게 던지는
# 질문에서 비롯된다

사람들이 말하는 대답보단 질문을 들어봐야 그 사람을 제대로 평가할 수 있다.

– 볼테르 Voltaire –

무간섭형 관리자들은 소중한 시간을 다른 사람들에게 충
고하는 데 사용하지 않는다. 대신에 그들은 질문을 잘 한다. 또 부
하 직원들이 성공하는 데 필요한 질문을 던질 줄 안다. 이런 질문
의 대부분은 주로 다음과 같다. "당신은 어떤 일을 할 때가 가장
행복합니까?" "지금 하는 일에 애로 사항은 없습니까?" "당신이
하는 일들이 자신에게 쉽고 편하게 진행되고 있습니까?"

미디어, 가정교육, 전통과 문화들은 주로 잘못된 점을 고치려는
노력에 집중한다. 그래서 우리는 자신에 대한 부족함이나 잘못을
발견하거나, 역경과 시련에 부딪힐 때마다 굉장히 힘들어 한다. 우
리는 늘 잘못된 상황들을 외형적으로 수정하려 한다. 그리고 외형
적으로 좋아 보이는 상황들을 만들어내기 위해 헛된 노력들을 한
다. 하지만 아무리 상황을 뜯어 고쳐 보려고 해도 헛된 노력은 결
코 좋은 결과를 이끌어내지 못한다. 왜냐하면 모든 해결책은 우리
의 내면의 세계에 이미 존재하기 때문이다. 우리가 구하려 하는 많

성공은 자신에게 던지는 질문에서 비롯된다

은 요구들은 이미 우리의 내면에 존재한다. 단지 그것들을 외형적으로 이끌어내지 못할 뿐이다.

그렇다면 어떻게 해야 우리가 이미 내면에 갖고 있는 해결책들을 이끌어낼 수 있을까? 바로 질문을 통해서이다. 자기 자신에게 질문하고 내면의 소리에 귀를 기울여라. 이 질문들을 통해 당신이 어떤 감정을 느끼는지 깨달을 수 있도록 잠시 동안 침묵의 시간을 가져 봐라. 자신을 화나게 한 직원에게 불만을 토로하는 이메일을 보낸다면 기분이 좀 나아질까? 나를 만족시킬 수 있을까? 이런 반응을 하는 것이 과연 옳을 것일까? 오히려 미안함이나 후회의 감정만 생기는 건 아닐까?

당신의 대답이 어떻든 우선은 마음의 소리에 귀를 기울여 보라. 이것을 조금만 연습하면 당신은 내면에 있는 문제에 대한 해결방안을 어렵지 않게 찾아낼 수 있을 것이다. 만약 이메일을 보내는 것이 이 문제를 해결하는 효과적인 방법이라고 생각된다면 당신은 그 사람에게 이메일을 보낼 것이고, 그것이 좋은 방법이란 아니라 생각한다면 또 다른 방법을 찾으면 된다. 이런 과정을 통해 우리는 명확하고 효과적인 커뮤니케이션 방법을 배울 수 있다.


언젠가 나는 조지라는 관리자를 만나 그가 가진 내면의 지혜에 대해 함께 이야기를 나눈 적이 있었다. 그는 마지막에 이렇게 물었다.

"그러니까 당신의 말인즉슨, 내가 하고 있는 모든 일을 즐기고 사랑해야 된다는 거죠?"

"뭐, 그것도 하나의 좋은 방법이지요."

"그렇다면 나는 매일 골프만 쳐야겠네요."


## 질문을 통해 내면의 소리를 들어라


참으로 재밌는 대답이었다. 하지만 골프는 그의 취미활동이지 직업이 아니다. 취미는 물론 우리의 삶에서 중요한 부분을 차지한다. 프로 운동선수나 배우가 아닌 이상 취미활동만으로는 진정한 기쁨과 성취감을 느낄 수 없다. 그 취미활동을 프로만큼이나 열심히 하고 또 잘 하는 사람이라 할지라도. 궁극적으로 우리가 원하는 만큼의 만족과 성취감을 주지 못한다. 우리가 하는 일에서 우리는 만족감과 성취감을 얻을 수 있다. 우리가 하는 일을 통해 세상에 무언가를 기여했다고 느낄 때, 우리는 비로소 진정한 성취감과 성공의 기쁨을 맛볼 수 있게 된다. 타이거 우즈와 같은 사람은 우리가 일하는 만큼이나 골프게임을 열심히 하는 사람이다. 동시에 세상에게 많은 것을 가져다주는 사람이기도 하다. 프로선수로서 그의 경기 모습을 보는 수많은 관중들은 기쁨을 얻고 돌아가기 때문이다. 사람들은 그에게 열광한다. 이는 그의 노력에 대해 지불받는 대가이다. 스포츠팬들에게는 그의 경기가 선물인 것이다.

또한 그가 하는 골프는 우리가 취미생활로 치는 골프와는 전혀 다르다. 우리는 가볍게 골프를 치고 다른 사람들의 경기를 관람할 뿐이지만, 그에게 있어서 골프란 단순한 게임이 아니다. 골프란 그에게 있어서 훈련이다. 게임의 수준을 초월할 수 있어야 정상의 자리를 지킬 수 있기 때문이다. 이것이 바로 타이거 우즈의 골프와 우리의 골프가 다른 점이다. 그의 골프는 다른 사람들에게 기쁨을 안겨주지만, 우리의 골프는 단지 우리만을 즐겁게 할 뿐이다. 주고받는 것은 성공적인 무간섭형 관리원칙의 핵심이다.

> 아버지께서는 항상 나에게 남을 돌보고 다른 사람과 함께 나누라고 가르치셨다.
>
> 그러나 내가 할 수 있는 유일한 일은 내가 받은 것 중에서 단 한 가지라도 다른 사람들에게
>
> 돌려주기 위해 노력하는 것뿐이다. 단 한 가지라도 다른 사람들에게 돌려줄 수 있다면
>
> 그것이 바로 나누는 삶의 시작이라고 생각한다.
>
> – 타이거 우즈 Tiger Woods –

우리에게 가장 필요한 질문은 바로 이것이다. "내가 세상을 위해 어떻게 기여할 수 있는가?" 또는 "내가 세상에게 줄 수 있는 것은 무엇인가?"

대부분의 사람들은 직장생활과 일을 통해 자신이 얻을 수 있는 것에만 초점을 맞춘다. 그들은 자신이 지불한 노력에 상응하는 만큼의 대가를 즉시 얻으려 한다. 그래서 늘 외형적으로 보이는 부정적이고 불만족스러운 것들에 고민하고 걱정하느라 시간들을 허비

한다. 예를 들어 옆자리에 앉아 있는 사람이 자신보다 며칠의 휴가를 더 사용하는지, 얼마나 더 많은 보수를 받는지, 얼마나 더 일찍 퇴근하는지를 비교하면서 사람들은 고민하고 괴로워한다. 이렇게 그들의 판단은 늘 외부의 세계에서 이루어진다.

그런데 이들과 반대되는 생각을 갖고 있는 사람들도 있다. 이런 사람들은 내면의 세계에서 생각할 줄 아는 사람들이다. 그들은 일터에서 더 큰 행복과 성공을 누리는 사람들이기도 하다. 그래서 이들이 던지는 질문이나 사고방식은 전자의 경우와 확연히 다르다. 예를 들면 "내가 어떻게 하면 이 일을 더 잘 할 수 있을까?", "내가 회사를 위해 기여할 수 있는 일들은 무엇이 있을까?", "새로운 것을 창조해내기 위해서는 어떤 노력을 더 해야만 할까?", "이 회사를 더 성장시킬 수 있도록 도울 수 있는 방법은 무엇일까?"와 같은 질문들이다.

어떤가? 이런 질문들이 어쩌면 가식적으로 느껴질지도 모르겠다. 그런데 놀라운 사실은 이런 질문을 던지는 사람들은 다른 사람들보다 훨씬 더 큰 성공을 이루어낸다는 사실이다. 물론 옆자리에 앉아 있는 사람들은 여전히 비판적인 시각을 고수하고 그 사람의 성공을 질투하거나 험담하며 앉아 있을지도 모른다. 단순한 질문의 차이임에도 불구하고 완전히 다른 방법으로 인생의 성공이 갈리는 것이다.

이처럼 성공이란 우리 자신에게 던지는 질문에서 비롯된다. 부정적으로 생각하는 사람들은 누군가의 성공소식을 들을 때마다 잘못된 사고방식으로 접근하곤 한다. 그들은 이렇게 묻는다. "혹시 성공했다는 그 사람, 아침에 제일 일찍 출근하고 제일 늦게 퇴근하지는 않았나요?", "다른 사람을 밟고 올라간 건 아니에요?", "사람들하고 문제가 없다는 건 말도 안 돼요. 분명 뒤에서 로비를 하거나 꿍꿍이가 있을 거라고요.", "실수나 잘못을 어딘가에 은폐한 건 아닐까요?"

이렇게 질문하는 사람들의 공통점은 타인의 성공이 '공헌'과 '기여'에서 출발하고 있다는 사실을 깨닫지 못한다는 점이다. 다른 사람들과 늘 비교하거나 자신이 얻으려는 이익에만 몰두하는 사람들은 결코 성공의 올바른 개념을 깨닫지 못한다. 진정으로 좋은 결과를 얻어내는 사람들은 자신이 무엇을 얻을 수 있는지에 대해 걱정하지 않는다. 하지만 자신의 이익에만 관심을 갖는 사람들은 그런 진리를 깨닫지 못한다. 그들은 왜 자신이 다른 사람들만큼 성공하지 못하는지에 대해 궁금해 하기는 한다. 그러다가 결국에는 인생의 불공평함을 세상 탓으로 돌려 버린다. 왜 그 사람만이 항상 성공하고 인정받는가? 아무리 이런 고민을 해봐도 결코 해답을 찾지 못한다.

# 먼저 주어야 받을 수 있다

성공은 세상에 무언가를 기여하려는 노력에서 출발한다 할 수 있다. 무간섭형 관리자는 '주려는' 사람이다. 항상 부하 직원들에게 모범이 되고 자신이 '주는' 일에 동참할 수 있도록 이끌어가는 사람이다. 무간섭형 관리자는 '어떻게 하면 세상에 기여할 수 있는지'에 대해 상담하는 데 시간을 아까워 하지 않는다. 만약 당신이 부하 직원들을 '주는' 자리에 설 수 있도록 돕는다면, 당신과 그들 모두의 성공을 가져오는 출발점이 될 것이다. 사람들은 당신을 통해 내면의 세계에 있는 것들을 발견하고 이런 것들을 어떻게 세상에 적용할 수 있는지에 대해 고민할 것이다. 이것이 바로 성공의 출발점이다. 부하 직원들은 더 이상 목표를 달성하기 위해 투쟁할 필요가 없다. 당신 역시 그들에게 목표의식들을 강요할 필요도 없다. 달성하지 못한 실패들에 대해 엄격하게 처벌하거나 비판을 가할 필요도 없다. 그저 그들이 발견한 것을 통해 그들이 하고자 하는 대로 일을 진행할 수 있게 도와주기만 하면 된다.

> 당신의 영혼을 살아 숨쉬게 하려면 세상이 당신에게 강요하는 대로 '아멘' '아멘'하고 받아들이는 것이 아니라 당신이 진정으로 좋아하고 즐길 수 있는 일을 찾아내야 한다.
>
> – 로버트 루이스 스티븐슨 Robert Louis Stevenson –

레이는 우리가 가르친 대로 자신이 좋아하는 일을 찾아 세상에 기여하는 자리에 서기 위해 부단히 노력했다. 물론 평생에 걸쳐 그녀 안에 축적된 모든 불신과 부정적인 사고방식을 버리는 것은 결코 쉬운 일이 아니었다. 그녀는 무간섭형 관리자가 되기 위한 훈련 기간 동안 매우 힘들어 했다. 하루는 그녀가 휴게실에 앉아 커피를 마시면서 나에게 이렇게 말했다. "내 삶을 전환하여 더 많은 것들을 얻을 수 있다는 사실을 믿기까지는 정말 오랜 시간이 걸렸어요. 개인적으로 정말 힘든 시간들을 보냈거든요. 이전에는 신뢰의 대상을 옮긴다는 것이 이렇게 어려운 일인지 미처 상상하지 못했었어요."

그녀는 무간섭주의 원칙에 자신의 인생을 온전히 맡길 수 있을 때까지 '주는' 자리에 쉽게 올라서지 못했다. 이는 그녀가 쉽게 그 원칙을 신뢰하지 못했기 때문이다. 분명한 것은 받으려하기보다는 먼저 주려는 사람이 되어야 한다는 점이다. 먼저 자신에게 맡겨진 일들을 훌륭히 처리해야 한다. 얼마나 많은 대가를 얻을 수 있는지에 대해서는 걱정할 필요가 없다. 그런 것을 걱정하기 때문에 심리적으로 너무 쫓기는 것이다. 무간섭형 관리 원칙을 배운 후 얼마 지나지 않아 그녀는 조금씩 '주는' 자리에 서기 시작했다. 그리고는 1년 후에 완전히 다른 사람이 되어 있었다. 그녀는 이렇게 말했다.

"삶은 내가 믿든 안 믿든 분명 나에게 돌려주더군요. 인생은 우리의 허락이나 신뢰를 필요로 하지 않아요. 단지 인생이 가진 속성

대로 흘러갈 뿐이죠. 즉 우리가 다른 사람들에게 무언가를 먼저 주어야만 받을 수 있다는 거지요. 그 말은 정말로 맞더라구요."

레이는 삶이 항상 자신이 원하는 만큼 주지 않는다는 사실을 배웠다. 그리고 자신이 믿고 있는 것을 준다는 사실도 배웠다. 사람은 자신이 존재한다고 믿는 것만을 볼 수 있다. 만약 부하 직원이 게으르다고 믿는다면 당신은 오직 게으른 직원만을 보게 될 것이다. 그가 제안서를 작성하기 위해 아무리 오랜 시간 동안 공을 들여도 추가로 소요된 시간에 대해 그의 게으름과 무능력 탓으로밖에 보지 않을 것이다. 이런 사고방식은 결코 자신과 다른 사람의 잠재력을 이끌어낼 수 없다. 때때로 오래된 팀에 새로운 관리자가 투입되면 이전에는 거두지 못했던 높은 성과를 거두는 경우가 있다. 이것이 가능한 이유는 무엇일까? 새로운 관리자가 새로 맡은 팀에 대해 부정적인 생각을 하지 않았기 때문이다. 새로 온 관리자는 각각의 팀원들을 만나 이런 질문을 할 것이다. "당신이 이 팀을 위해 기여할 수 있는 것은 무엇입니까?", "당신이 가진 특별한 재능이나 능력은 무엇입니까?", "당신이 가장 하고 싶어 하는 일은 무엇입니까?"

## 제5장을 읽은 다음 당신이 따라야 할 3가지 행동 단계 :

- 당신 자신을 알려고 노력하라. 당신이 가진 재능을 찾아내라. 이를 통해 세상에 공헌할 수 있는 최고의 것을 창조하기 위해 어떤 노력을 해야 할지 자문하라.

- 조직 내의 사람들을 한 사람씩 만나보라. 그들이 가진 재능에 대해 이야기할 충분한 시간을 가져라. 처음에는 자신이 어떤 능력을 갖고 있는지 몰라 대답하기 어려울지도 모른다. 당신은 특별히 이런 사람들에게 더 많은 질문들을 던져야 한다. 그래야만 가장 좋아하는 일과 가장 잘 할 수 있는 일을 찾을 수 있도록 도울 수 있다.

- '내가 속한 팀은 최고의 것을 창조해낼 수 있는 가장 조화로운 네트워크이다.' 라고 생각하라. 각각의 직원들이 가진 재능을 적어놓은 뒤 이들이 동료나 고객, 다른 팀을 위해 어떤 기여를 할 수 있는지를 표시하라. 그런 다음 종이에 적힌 내용을 최대한 마음 속에 기억하라. 마지막으로 당신의 역할은 그들의 재능이 종이에 그어진 선을 따라 어떻게 하면 자유롭게 흐를 수 있는지를 돕는 것이라고 마음에 깊게 새겨라. 그 일이 바로 관리자로서 당신이 해야 할 임무이자 역할이다.

제6장

# 마음의 문을 열고
# 현재를 인식하라

신선한 아이디어를 만들어내는 한 매출은 지속적으로 성장한다.

− 도로시아 브랜드 Dorothea Brande −

성공한 비즈니스맨들을 상대로 아이디어를 얻는 주된 장소가 어딘지 설문조사를 한 적이 있다. 흥미롭게도 대답이 비슷했다. 가장 많은 응답으로는 샤워실을 꼽았고, 두 번째로는 휴가지였다. 나는 이를 통해 새로운 사실을 알 수 있었다. 좋은 아이디어를 내기 위해서는 생각하려는 노력을 멈춰야 한다는 것이다. 억지로 무언가를 생각해내려 할 때 우리는 좋은 아이디어를 만들어낼 수 없다. 아이디어를 얻으려면 먼저 우리의 생각과 관심을 덮어두고, 아이디어가 자연스럽게 떠오르도록 마음을 비워야 한다.

관리자인 여러분이 이런 방법으로 아이디어를 떠올리는 법을 배운다면 당신은 부하 직원들에게도 똑같이 적용할 수 있다. 사람들에게서 아이디어를 짜내려는 듯한 헛된 노력을 멈춰라. 그리고 자연스럽게 아이디어를 떠올릴 수 있도록 돕는 질문을 던져라. 그런 다음 질문에 대해 즉답을 요구하지 말고 일일이 간섭하지 마라. 부하 직원들이 가진 무한한 잠재력과 가능성을 믿는다면, 그들이 아이디어를 떠올릴 수 있는지 없는지에 대해 걱정할 필요가 전혀 없다. 그저 그들이 자연스럽게 아이디어들을 떠올릴 수 있도록 편안하고 자유로운 분위기를 만들어주면 된다.

위의 조사결과를 살펴본 작은 사업체의 경영자가 이렇게 말했다.

"아이디어를 떠올리려면 매일 샤워하거나 자주 휴가를 가야겠군요."

정확하지는 않지만 틀린 대답도 아니다. 맡은 일을 가장 성공적으로 수행하기 위해서는 우리의 마음을 가장 편안한 상태인 무간섭 상태로 만들어야 한다. 샤워를 하거나 휴가를 떠났을 때 느낄 만한 편안한 상태처럼 말이다. 자신을 편안하게 만들 수 있다면 우리는 쉽게 해답을 찾아낼 수 있다. 굳이 해결책을 찾겠다고 가이드라인을 만들거나 매뉴얼을 찾을 필요도 없다. 아이디어는 이미 우리의 내면에 존재하기 때문이다.

이는 성공과 밀접히 관련된 비밀스러운 암호와도 같다. 뒤로 한 걸음 물러서는 것이 성공의 지름길이다. 외부 세계를 통해서는 이를 이해하기 어렵다. 그러나 시도해 볼 만한 가치는 충분하다. 우리는 뒤로 한 걸음 물러섰을 때 자신의 일에 대해 더 넓은 관점에서 조망해 볼 수 있게 된다. 그 결과 더 빠르고 정확한 해결책을 찾아낼 수 있게 된다. 이전처럼 마감시간에 쫓기거나 스트레스에 시달리며 일할 필요가 전혀 없는 것이다. 어떻게 하면 더 적게 일하면서도 더 많은 것을 얻을 수 있는지 깨닫게 되는 것이다.

## 부하 직원들의 잠재력을 일깨우는 관리자

  많은 사람들이 성공하려면 끊임없이 생각해야 한다고 믿는다. 사람들이 그렇게 생각하는 이유는 성공에 대해 잘못된 인식을 갖고 있기 때문이다. 그들은 하루 내내 무언가를 골똘히 생각하며 시간을 보낸다. 하지만 끝내 해결책을 찾아내지 못하고 포기하고 만다. 그런데 신기한 것은 그렇게 생각을 포기하는 순간, 어디선가 아이디어가 떠오른다는 사실이다. 생각을 멈추는 순간, 지금까지 생각하지 못했던 훌륭한 아이디어를 얻게 되는 것이다. 흥미로운 사실은 그 아이디어를 떠올릴 수 있었던 원인이 지금까지 애쓴 노력의 결과라고 생각한다는 점이다. 그들이 생각을 포기하는 순간 아이디어를 얻게 되었다는 사실을 깨닫지 못하는 것이다.

  이런 현상에 대해 또 다른 예를 들어보겠다. 친구가 당신에게 누군가의 이름을 물었다. 분명 알고 있었던 이름이지만, 생각이 날듯 말듯 하면서 전혀 기억이 나지 않는다. 어쩐 일인지 질문을 받은 순간엔 분명히 알고 있었던 내용도 생각나지 않는다. 많은 사람들이 이런 경험을 한 번씩은 해 보았을 것이다. 이름을 떠올려보려고 한참을 노력해도 혀끝에서 맴돌 뿐 이름이 전혀 생각이 나지 않는 것이다. 한참 머리를 쥐어짜 보아도 떠오르지 않으면 우리는 곧 이름을 떠올리는 것을 포기하고 화제를 다른 곳으로 돌린다. 그러다가 한참 다른 이야기를 하고 있는데, 문득 머릿속에서 그 사람의 이름이 떠오른다. 이는 인간이 사고하는 하나의 과정이다. 무간섭 관리자는 아이디어를 떠올리기 위해 그런 과정을 활용하는 것이다. 참신한 아이디어는 사고의 과정을 잘 이해하고 있을 때에 얻을 수 있다. 이를 다른 곳에도 적용해 보겠다. 성공의 가장 기본적인 열쇠는 자기 자신을 믿고 신뢰하는 것이다. 당신에게 필요한 것은 이미 당신 안에 모두 존재한다는 사실을 믿음으로써 우리는 성공할 수 있다.

이 말은 자기중심적인 사고방식을 의미하지 않는다. 성공이란 다른 사람보다 자신이 월등히 우월하다고 생각하는 교만함에서 오는 것이 아니다. 오히려 자신을 포함한 모든 사람들이 무한한 가능성과 잠재력을 갖고 있다는 믿음에서 비롯된다. 다른 사람이 성공하듯이 당신 역시 반드시 성공할 수 있다. 성공은 바로 당신 자신에게서 비롯되는 것이다.

우리가 성공했을 때 주변 사람들은 금세 우리의 성공을 알아챈다. 또 그들은 설명하지 않아도 우리가 자기 자신에게 무간섭주의 원칙을 적용했다는 사실도 인식한다. 우리는 지금 당장 죽을 일을 걱정하며 살아가지 않는다. 시한부 인생이 아닌 이상 죽음으로 인한 스트레스를 받고 사는 사람은 없다. 이처럼 우리는 다른 사람에게 인정받기 위해 애를 쓰지 않아도 된다. 다른 사람들이 당신을 치켜 세워주기를 기대하거나 이를 위해 노력할 필요가 전혀 없다. 애써 두려움을 성공을 위한 자극제로 이용하지 않아도 되는 것이다.

우리가 두려움을 떨쳐버림으로써 일구어낸 성공은 다른 사람들에게도 영향을 미친다. 당신은 사람들이 갖고 있는 두려움을 떨쳐내고, 성공을 위해 힘차게 전진할 수 있도록 격려하고 도울 수 있다.

나는 수많은 관리자들에게 부하 직원들이 갖고 있는 잠재력을 스스로 깨달을 수 있도록 도와야 한다고 강조했다. 그럴 때마다 많은 관리자들은 이렇게 묻곤 한다. "나는 선생님께 무간섭주의 원칙을 수년 동안 배워 왔어요. 물론 나 역시 당신의 말을 믿고 싶어요. 하지만 당신은 전문가잖아요. 나는 그저 평범한 사람이고요. 제가 당신만큼 무간섭주의 원칙을 적용하기란 그리 쉬운 일이 아니에요. 당신은 특별하지만 나는 아니잖아요."

## 부하 직원들의 성공사례를 상기시키고 칭찬하라

이 얼마나 우스운 말인가. 여러분이 성공적인 리더가 되려면 삶의 방향을 바꾸고 과감하게 새롭고 더 좋은 방법을 택할 수 있어야 한다. 역으로 생각해 보자. 부하 직원들이 볼 때 당신은 대단한 사람이지 않은가. 왜냐하면 아무나 리더의 자리에 오를 수는 없기 때문이다. 그렇기 때문에 부하 직원들은 당신이 다른 사람들보다 훨씬 더 뛰어나고 특별한 능력을 갖고 있다고 생각한다. 하지만 그들은 당신이 갖고 있는 뛰어난 능력을 자기 자신도 갖고 있다는 사실을 모르고 있다. 만약 당신이 그들을 격려해 주지 않는다면, 어느 누가 그들의 잠재력을 일깨워줄 수 있겠는가? 부하 직원들이 성공할 수 있는 열쇠를 쥐고 있는 사람은 오직 당신뿐인 것이다.

자신감이 부족한 부하 직원들에게는 이런 식으로 말해 보자. "2년 전에 있었던 그 사건 기억나죠? 다들 그 사건 때문에 정신없이 혼란스러워 할 때, 당신이 나서서 그 문제를 해결했잖아요. 그때 당신이 문제를 분석하고 해결했던 방법은 정말 인상적이었어요. 나는 아직도 당신이 그 문제를 너무나 훌륭히 처리했었던 걸로 기억하고 있어요. 지난 번 프로젝트였던 토지개발 계획도 당신이 수립한 거라면서요? 역시 그럴 줄 알았어요. 정말 잘 썼더라고요. 당신에게는 특별한 재능이 있군요. 당신은 그런 사실을 꼭 기억해야 해요. 당신이 가진 재능을 신뢰하기만 해도 당신은 충분히 성공을 거둘 수 있습니다. 아니 지금껏 노력하고 이루어낸 것 이상으로 성공할 수 있어요. 지금까지 해낸 일에 대해 스스로 생각해 봐요. 당신에겐 무한한 가능성이 보여요."

무간섭형 관리자는 항상 부하 직원들이 과거에 일군 성공사례들을 상기시켜 주고 칭찬해 주는 것에 인색하지 않다. 그렇게 함으로써 다시 한 번 성공의 무대에 오를 수 있도록 돕는다. 이렇듯 무간섭주의 원칙이 결코 어려운 것은 아니다. 우리는 단지 부하 직원들이 가진 능력을 스스로 깨닫고 신뢰할 수 있도록 격려하는 것부터 이 원칙을 실천할 수 있다. 당신이 해야 할 일은 매우 쉽고 간단하다. 사람들이 자랑스럽게 생각하는 지난 날의 영광으로 기억을 되살려 주는 것뿐이다. 부하 직원들이 어떤 식으로 문제를 해결하고 프로젝트들을 성공시켰는지 상기시켜 주고, 그들이 당시에 보여줬던 최고의 기술과 능력을 다시 한 번 발견하고 깨달을 수 있도록 도와주면 되는 것이다. 과거에 있었던 사실과 성과는 부하 직원들로 하여금 잠재력과 가능성에 확신을 가질 수 있도록 하는 유용한 도구로 활용할 수 있다.

나는 그런 방법으로 관리자들을 지도하면서 그들이 성장하고 성공해 나가는 모습을 볼 때마다 깜짝깜짝 놀라곤 한다. 어느 날 한 회사의 관리자가 나를 찾아와 회의적으로 이렇게 물었다. "당신이 가르치는 관리방식은 부드럽다 못해 나약해 보여요. 관리자들이 모두 무간섭주의 원칙을 따르면 부하 직원이 말을 듣기나 하겠어요?"

외부적 관점으로 보면 무간섭주의 원칙은 그렇게 느껴질 수 있다. 그렇지만 무간섭주의 원칙은 결코 나약하거나 소극적인 방식이 아니다. 나는 무간섭주의 방식을 통해 수많은 기업 및 조직이 높은 생산성을 이끌어내는 것을 아주 많이 목격했다. 사람이란 낮은 것보다는 높은 것을 신뢰하기 마련이다. 무간섭주의 원칙은 관리자를 높은 자리에 설 수 있게 만들어준다. 단순히 투덜대는 부하 직원들의 불만이나 들어주자고 사용하는 방법이 절대 아니라는 뜻이다.

## 성공적인 삶은 누구에게나 존재한다

   무간섭형 관리자도 때때로 채찍을 사용할 수 있다. 팀원들의 열정을 다시 일깨우기 위해서는 가끔 그런 방법도 필요하다. "지금 당신의 모습을 봐요. 우습지 않나요? 당신은 내가 아끼는 유능한 인재입니다. 당신은 지금까지 상상 이상의 성과를 이끌어냈고 한 번도 내 기대를 저버린 적이 없어요. 그런데 지금 이렇게 사소한 문제 하나로 흔들리고 있다니, 당신답지 않군요. 그런 행동은 용납하기 어렵군요. 당신 자신도 용납해서는 안 됩니다. 지난 날에 이루었던 일들을 생각해 봐요. 고비 때마다 잘 넘겨왔잖아요. 그런데 이제 와서 못하겠다니. 변명으로 들리는군요. 예전처럼 당신의 능력을 다시 한 번 보여 주세요. 그리고 당신이 문제를 잘 극복할 수 있도록 내가 어떻게 도와야 할지 알려 주세요."

   이런 채찍질을 사용해야 할 때는 적절한 시기가 있다. 이는 스스로가 찾아야 한다. 그렇게 함으로써 부하 직원들에게 당근과 채찍질을 적절히 구사할 수 있는 능력을 길러야 한다. 당신 내면의 반응을 살펴 보아라. 그러면 방법이 눈에 보일 것이다.

> 행동할 수 있는 데도 불구하고 신중하게 고민만 하고 있는가?
> 경고하건대 그런 고민은 당신의 인생을 불행하게 만들 뿐이다.
>
> — 아브라함 매슬로우 Abraham Masolw —

아이디어를 자연스럽게 떠올리는 훈련을 시키면서 깨달은 게 하나 더 있다. 성공적인 삶은 어느 누구에게나 존재한다는 사실이다. 이는 외부 세상에서는 찾을 수 없는 것이다. 우리가 이 세상에 태어난 목적은 자신의 재능을 살려 무언가를 창조하기 위함이다. 우리는 이미 성공을 위해 필요한 모든 조건들을 갖고 태어났다. 우리는 가진 것 이상의 능력을 더 향상시킬 수 있는 능력까지도 이미 갖고 있다. 어린아이가 세상에 태어나 호흡을 하기 위해 굳이 학습하거나 배우지 않아도 자연스럽게 숨을 쉴 수 있다. 어떻게 보고 듣는지를 배울 필요도 없다. 이 모든 것들은 태어날 때부터 본능적으로 이미 알고 있던 내면의 일부일 뿐이다. 성공도 마찬가지이다. 성공은 우리가 태어나던 날에 이미 예정되어 있었다. 이는 우주의 법칙이다. 발전도 이와 마찬가지다. 경제적 발전과 개인의 발전이 여기에 포함되지 않는다는 법이 어디 있겠는가?

내면의 세계는 우리의 성공을 위해 필요한 모든 것들을 다 갖고 있다. 단지 우리가 할 일이라곤 자신의 참 모습을 발견하면 즉시 행동하는 것뿐이다. 호흡한다는 단 하나의 이유만으로 당신은 생명을 유지한다. 생명은 잠재력을 의미하며, 잠재력은 일을 더 훌륭하게 해낼 수 있게 한다. 그런데 놀랍게도 많은 사람들이 이렇게 간단한 진실조차 부정하며 살아간다. 마틴의 경우가 그런 전형적인 사례였다. 그는 주변 사람들에게 비평가로 정평이 나 있는 사람이었다. 다른 사람에게 성공할 수 있는 충분한 잠재력을 갖고 있다는 말을 들을 때마다 극구 반대하며 말했다. "도대체 무슨 소리를 하시는 겁니까? 예전에 성공을 위해 얼마나 노력했는지 아세요? 그런데 단 한 번도 성공한 적이 없죠. 해봤자 매일 실패하거나 실망만 한다니까요."

그리고는 자신이 겪었던 일들을 상세히 늘어놓는다. 또한 성공 가능성을 믿고 긍정적으로 살면서 성공하는 사람은 신화 속에나 나올 법한 인물이며, 실제로 우리가 그렇게 착각하고 살다 보면 더 큰 실망만 하게 될 뿐이라고 말했다. 그는 숱한 세미나에 참가했지만, 하나같이 자신의 의견이나 경험들과 상반되는 내용들뿐이었다고 했다. 오히려 그 자리에 참석하지 않았다면 지금보다는 덜 혼란스러웠을 거라고 했다. 내가 하고 싶은 말은 단지 이것뿐이다.

"다른 사람의 복사판이 아닌 당신의 삶 자체로 돌아가라. 그러나 현재의 당신 삶이 옳다."

사람들은 삶의 외적 교훈들을 따르며 살아가다 자신의 기대에 못 미치게 되면 낙담하고 좌절한다. 그러나 우리가 현재의 삶을 살 때는 실망하거나 좌절할 이유가 전혀 없다. 일은 현실의 복사판일 뿐이기 때문이다.

## 성공에 대한 잘못된 오해

상식의 세계는 사람들에게 성공의 의미를 잘못 가르치고 있다. 우리가 주로 읽는 대부분의 성공 관련서들은 존경받는 리더가 되거나, 재정적으로 풍족하거나, 이상적인 배우자를 만나거나, 오래 살아야 성공이라고 말한다. 그러나 삶을 통해 이런 것들을 추구한다면 항상 상대적이거나 비교적인 관점에서 접근하게 될 것이다. 따라서 이런 책들을 통해 내면에서나 누릴 수 있는 참된 평화와 행복에 관한 성공요소는 배울 수 없게 된다.

그러나 무간섭형 관리자들은 진정한 성공에 가장 필요한 영감을 주는 아이디어를 찾아내려고 한다. 이런 영감을 얻을 수 있는 사람은 현재 자신이 서 있는 위치나 처한 상황을 있는 그대로 받아들이고 마음의 문을 여는 사람들이다. 이들은 자신이 살아가고 있는 '현재'를 인식할 줄 안다. 그 결과 성공을 위해 지금 이 순간, 지금 이 자리에서 가장 하고 싶고 잘 할 수 있는 일을 한다.

성공에 대한 가장 잘못된 오해 중의 하나는 많은 사람들이 '부'의 축적을 성공으로 인식한다는 점이다. 무조건 돈이 많으면 대접을 받는다. 그러나 사람들이 그토록 동경하는 부자들은 이렇게 말하곤 한다. "그래요. 사람들은 나에게 성공했다고들 하더군요. 하지만 저는 그다지 행복하지 않아요. 내 삶에서 무언가를 놓쳐버렸다는 생각이 자꾸 들어요. 인생이 왠지 공허한 느낌이 들고 허무한 것 같아요."

최근에 나는 큰 재산을 소유한 부자를 만나 이런 질문을 던졌다. "그렇게 돈을 많이 벌어 놨는데도 왜 아직까지 그렇게 일을 하는 거죠? 아직도 갖고 있는 재산이 만족스럽지 않나요?"

그러자 그가 이렇게 말했다. "잘 모르겠어요. 내가 느끼는 거라고는 아무리 노력해서 돈을 벌어도 내 재산에 아주 조금 더 보태질 뿐이라는 겁니다."

물론 우리가 외부 세계에서 무언가를 더 얻으려고 노력할 때 외적 성공을 거둘 수도 있다. 우리가 원하는 만큼 날마다 얻을 수 있는 것은 아니지만, 최소한 그 노력 때문에 우리는 조금 더 우리가 원하는 미래로 나아갈 수 있다. 그렇다면 왜 이런 성공에 대해 이렇게 비관적으로 변해 버린 것일까? 대도시의 한 길가에 있는 카페 의자에 앉아서 허둥지둥 분주하게 지나가는 사람들을 보라. 그들 자신의 미래로 들어가기 위해 서둘러 지금 현재를 탈출하는 모습들을⋯⋯.

'조금만 더 높게', '조금만 더 많이'라고 추구하며 성공을 좇는다면 당신은 결코 원하는 만큼의 성공을 이루어낼 수 없다. 왜냐하면 어떤 위치에 도달하는 즉시 그 이상의 것을 얻으려 할 것이기 때문이다. 그런 이유 때문에 돈을 성공의 잣대로 생각하는 사람들은 원하는 결과를 얻어내지 못하는 것이다. 그럼에도 불구하고 많은 사람들은 자신이 원하는 결과를 얻지 못하는 이유를 잘 깨닫지 못한다.

안젤라는 보스턴에서 작은 사업을 운영하던 경영자였다. 내가 그녀를 교육하고 있을 때 그녀는 종종 이런 말을 하곤 했다. "자넷이 회사에 기여할 만한 충분한 실적을 올리지 못하고 있는데, 아무리 생각해도 그 이유를 모르겠어요. 나는 계속해서 그녀에게 인센티브를 추가적으로 제공했거든요. 심지어는 자넷이 수립한 판매 계획에 대해 잠재적인 보너스까지도 주고 있어요. 그럼에도 불구하고 자신이 세운 계획을 한 번도 제대로 성공시켜 본 적이 없어요. 그냥 그녀에게 기본급만을 지급해야 할까요? 그래야 실적에 대한 위기의식을 갖고 좀 더 열심히 하지 않을까요? 아무래도 그런 방법을 시도해 봐야겠어요. 그러면 그녀도 제대로 한 번 실적을 올려볼 수 있지 않겠어요. 어떻게 생각하세요?"

## 무간섭형 관리자는 현재의 삶에 집중한다.

대부분의 간섭형 관리자들은 이런 식으로 모든 일을 돈과 연관시켜 생각한다. 앞서 언급한 대로 이들의 유일한 동기는 두려움이다. 그러나 이런 두려움이라는 동기는 실망과 실패와 좌절의 길로 이끌 뿐이다. 인간사란 두려움이 없는 상태에서 비로소 제대로 굴러간다.

만약 어떤 사람이 당신에게 성공은 성장의 한 과정이라고 말한다면 어떤 기분이 들겠는가? 꽃이 태양을 향해 자라는 것처럼 당신도 성장의 과정 그 자체가 바로 성공이라는 걸 알고 있는가? 여러분은 성장의 과정 속에 있을 때 성공의 기분을 느낄 수 있을까? 만약 성공의 의미를 어제보다 좀 더 나아지기 위해 현재 배우는 과정에 있다는 것을 깨닫고 만족하는 것이라면 어떨까?

무간섭주의 관리원칙을 배운다면 우리는 미래의 성공에만 초점을 맞추는 사람들을 현재의 삶에 집중할 수 있도록 도울 수 있다. 또 우리는 현재 하는 일들이 그다지 어렵지 않다는 사실도 가르쳐줄 수 있다. 이를 통해 이번 주 안에 마쳐야 할 일 대신에 지금 당장 할 수 있는 일 하나에 초점을 맞출 수 있게 될 것이다. 이는 결국 스트레스의 수렁에서 끌어내고, 그들의 시계를 현재의 시각에 맞춤으로써 지금 당장 해야 할 일에 집중할 수 있게 도울 수 있다. 그들은 다음 단계의 일이 아닌 현재의 단계에서 일할 수 있게 될 것이다. 일을 끝냈을 때 어떤 결과가 나타날지를 예상하거나 상상하면서 시간을 낭비하지 않도록 돕기도 한다. 은행에 쌓아 둘 돈으로 미래에 무엇을 할지 고민하면서 시간을 낭비하는 것처럼 어리석은 일은 없다.

이게 바로 현재의 삶을 관리하는 무간섭형 관리자들의 방식이다. 모든 일을 한꺼번에 하려 들지 마라. 그저 다음을 위해 지금 당장 할 수 있는 일을 하나씩 진행해라.

문제점과 해결책에는 단 하나의 차이점이 있는데,

그것은 바로 사람들이 해결책만을 알려고 한다는 것이다.

— 도로시아 브랜드 Dorothea Brande —

로렐은 직장 일이 끝나자마자 곧바로 저녁 수업을 듣기 위해 황급히 나가면서 나에게 이런 말을 했다. "내가 왜 피곤한 몸을 이끌고 밤마다 수업들을 들으러 가야 하는지 도통 이유를 모르겠어요. 그 이유를 찾기 위해 읽어볼 만한 책은 전부 읽어봤거든요. 그런데도 나는 인생의 목적이 무엇인지, 그것을 위해 지금부터 무엇을 준비해야 하는지 발견하지 못했어요. 그래도 나는 내 인생의 목적을 찾기 위해 끝까지 노력할 거예요. 계속 공부할 것이고, 이 질문에 대한 답을 찾는 그 날까지 읽어야 할 책은 모두 읽어 볼 참이에요."

로렐에게 필요한 것은 공부나 책이 아니다. 그녀에게 진정으로 필요한 것은 어둡고 조용한 방에 홀로 앉아 자신에 대해 깊이 생각해 보는 것이다. 파스칼의 유명한 말이 있다. "사람들의 모든 비참함은 조용한 방에 혼자 있지 못하는 이유에서 유래된다."

로렐이 자신의 내면에 오래 전부터 존재하는 것을 발견할 수 없었던 이유는 무엇일까? 그것은 그녀가 끊임없이 외부의 세계에서만 찾을 수 있는 것들을 추구하고 있었기 때문이다. 횡단보도를 건너려고 뛰어갈 때 당신은 자신의 심장박동 소리를 느끼는가? 로렐에게 가장 필요한 것은 조용한 방에 들어가 자신의 내면이 말하는 소리를 듣는 것이다. 아무도 없는 조용한 방에 홀로 앉아 있으면 곧 머릿속에 이런 질문이 떠오를 것이다. "내가 가장 하고 싶어 하는 일은 무엇일까?"

사람들은 휴가를 가는 것을 좋아한다. 우리가 여행을 떠나면 매일 쫓아오는 일상적인 문제에서 잠시나마 벗어날 수 있기 때문이다. 우리는 휴가지에서 자기 자신을 판단하거나 비판하거나 스트레스를 받지 않는다. 단지 그 자리에서 휴가를 만끽하고 그 순간을 즐길 뿐이다.

무간섭형 관리자는 휴가지에서 느낄 수 있는 편안한 마음을 일터에서도 유지한다. 그들은 자신을 가장 편안한 상태로 만들어 자신이 하는 일을 즐길 수 있도록 일터의 분위기를 조성하려고 노력한다. 일이 조금 느슨해지고 일터의 환경이 다소 여유롭다고 하여 조직의 생산성이 떨어지는 일은 결코 없다. 앞서 언급했듯이 무간섭주의 원칙은 우리가 지금까지 겪어온 경험과는 정반대로 작용한다.

## 제6장을 읽은 후 당신이 따라야 할 3가지 행동 단계 :

- 오늘 집에 들어가 샤워를 하게 되면 평소에 샤워실에 있는 시간보다 조금만 더 오래 머물러라. 그리고 떠오르는 아이디어들을 주의 깊게 생각해 보아라. 따뜻한 물의 온도 와 함께 즐기는 혼자만의 여유로운 시간을 통해 자신을 가장 편안한 상태로 만들어 봐 라. 그 편안함 속에서 영감을 주는 생각들을 찾아 보자.

- 당신의 팀에 있는 핵심 인재들과 시간을 가져라. 업무에 관한 일들은 배제한 채 현재 그들의 인생이 어떤지, 사적인 대화를 나눠 보라. 그들이 자신의 인생에 만족해 하고 있는지, 지금 하는 일들에 대해 어떻게 느끼는지, 앞으로 향상시킬 수 있는 것들은 무 엇인지에 대해 물어 보라. 그래서 그들이 가진 생각들이 자연스럽게 표현될 수 있도록 도와라.

- 자신의 시간관리 방법을 바꾸어 보자. 당신의 스케줄 표에는 단 하나의 목록만 적어 놓 아라. 맨 위에 오늘 끝내야 할 일을 한 가지만 적고 그것을 실행에 옮겨라. 두 번째 페 이지에는 당신이 해야 할 모든 일정들을 기록하라. 하나의 일이 끝나고 나면 뒷장에 있 는 목록 중에서 하나만 앞장으로 옮겨 적어라. 그 일을 느긋하게 끝내고 나면 또 다른 목록을 추가하라. 한 번에 단 한 가지씩이라는 걸 잊지 말라.

THE
HANDS-OFF
MANAGER

제7장

# 내면의 비전을
# 끄집어내라

사람들은 위기가 찾아오면 비로소 자신의 부족함을 깨닫는다.

위기의 순간에 처하여 그제서야 자신의 부족함을 채우기 위해 온갖 노력과 에너지를 쏟아붓는다.

— 제리 길리스 Jerry Gillies —

잭과 멜리사는 함께 사업을 운영하는 부부였다. 이들은 한 직원을 훈련하기 위해 벌써 넉 달째 애를 먹고 있었다. 4개월이 지나자 이들은 더 이상 그 직원을 위해 할 수 있는 일이 없다고 생각하고 포기해버렸다. 그 직원은 얼마 전에 새로 뽑은 신입 여직원이었다. 아무리 설득하고 강요해도 그녀는 자신이 하는 일에 대해 흥미를 느끼지 못하고 성과는커녕 실수만 연발했다. 나는 잭과 멜리사에게 그녀를 고용하게 된 경위에 대해 물어보았다.

　"처음부터 예감이 별로 안 좋았어요." 잭이 말했다. "하지만 그녀의 이력서랑 추천서를 보니 괜히 욕심이 났어요. 좀 더 신중했어야 하는데… 서류에 적힌 몇 마디에 현혹되어 그녀에 대해 너무 기대했던 것 같아요. 그녀를 뽑을 때에는 꽤 신중했다고 생각했는데 그것도 자만이었나 봐요."

　"잭, 당신은 결코 신중히 판단했던 게 아닙니다. 이력서나 추천서를 통해 결정하는 것은 결코 좋은 판단이 될 수 없어요. 우리는 사람을 채용할 때 여러 가지 것들을 고려해야 하거든요. 이력서나 추천서에 있는 내용들보다도 더 중요한 것을 말입니다."

"중요하다는 건 뭐죠?"

"우리가 사람에 대해 느끼는 감정, 우리의 내면이 말하는 소리와 같은 것들이죠. 그 사람이 과연 일을 잘 할 수 있을까에 대해서는 이미 당신의 내면에서 끊임없이 이야기하고 있었을 겁니다. 당신은 그것들을 무시하고 듣지 않았던 거죠."

내면의 소리로 결정하는 것은 옳고 그른 것이 무엇인지를 판단하는 것과는 전혀 차원이 다르다. 일의 옳고 그른 것을 가리는 방식은 간섭주의 관리방식이다. 이는 부하 직원들에게 스트레스만을 안겨줄 뿐이다. 그럼에도 불구하고 많은 관리자들은 주로 그런 방법을 사용한다. 분명히 말하지만 이는 절대로 효과적인 방법이 될 수 없다. 우리는 내면에 좀 더 깊숙이 들어가 보아야 한다. 그런 다음 내면과 자연스럽게 일치하는 것이 무엇인지를 찾아내야 한다. (좀 더 정확히 말하면 무간섭형 관리자는 자신이 어떤 선택을 해야 할지를 명백히 알고 있기 때문에 실질적으로 결정을 내릴 필요가 없다. 단지 자신이 알고 있는 대로 다음 일을 실천에 옮기기만 할 뿐이다.)

특히나 사람을 채용할 때에는 인터뷰 시간을 넉넉히 잡는 것이 좋다. 그래야만 우리는 그 사람이 적합한 사람인지 아닌지를 현명하게 판단할 수 있다. 그리고 그 사람이 일단 팀에 합류하여 일을 해 봐야 우리는 자신의 선택이 옳았는지를 판단할 수 있게 된다.

이를 반복하다 보면 우리는 어느새 적절한 인재를 뽑는 일에 전문가가 될 것이다.

## 간섭을 피하고 부하 직원의 성공을 도와라

이제는 우리가 가진 생각에 대해 이야기해 보자. 먼저 우리의 머리에 일부러 부정적인 것들을 채우거나 이를 극복하려는 노력은 하지 않는 것이 좋다. 굳이 우리의 생각을 안 좋은 쪽으로 끌고 갈 필요가 없는 것이다. 부정적인 생각은 하면 할수록 늘어난다. 나쁜 생각들이 마음속에 들어오는 것을 깨닫는 순간, '감히 이 따위 생각들이 나를 조정하려 들다니!'라는 생각으로 맞받아치며 무시하라. 대신 현실을 있는 그대로 마주보고, 돌아갈 수 있는 다른 길이 없는지 찾아라.

당신 앞에 두 가지의 길이 있다고 상상해 보라. 하나는 나와 일치하는 길이고 다른 하나는 일치하지 않는 길이다. 하나의 길은 나의 기분을 좋게 하는 길이고 다른 길은 나의 기분을 상하게 하는 길이다. 인생에서 선택의 갈림길에 놓였을 때, 항상 옳고 그름으로 판단하지 말고 어떤 감정을 느끼게 하는지에 집중하라. 굳이 선택하고 싶지 않을 길을 걷게 되면 원하지 않는 결과를 얻게 되기 십상이다. 이런 길을 걷는 사람은 금방 실망하고 낙심하며 실패라는 종착역에 도착할 것이다.

유명한 CEO들은 항상 위대한 리더가 되려면 비전을 가져야 한다고 말한다. 우리는 이 '비전'이라는 단어의 뜻을 시장의 흐름, 상품이나 서비스의 개발 등에 관한 것들로 이해한다. 비즈니스 관련 잡지들도 비전을 미래에 대한 시각으로 설명하기도 한다.

하지만 비전에 대한 무간섭형 관리자의 관점은 전혀 다르다. 그들은 10년 후 회사가 어떻게 될지를 예측하려 들지 않는다. 그 대신에 부하 직원들이 갖고 있는 현재의 잠재력을 바라본다. 무간섭형 관리자로 성공하길 원한다면 우리도 그런 것들을 볼 수 있는 눈을 키워야 한다. 관리자로서 부하 직원들이 알고 있는 것 이상의 잠재력을 볼 수 있도록 자기 자신을 단련해야 하는 것이다. 그런 다음 부하 직원들도 그런 눈으로 자신의 잠재력을 볼 수 있도록 도와야 한다.

간섭을 피함으로써 부하 직원들이 자연스럽게 성공을 이뤄낼 수 있도록 돕는다면 당신 또한 그들을 통해 진정한 성공을 거둘 수 있게 된다. 어느 순간 부하 직원들을 통해 얻는 성공으로 삶을 즐기는 당신의 모습을 발견하게 될 것이다. 부하 직원들은 계속해서 좋은 결과들만 가져다 줄 것이다. 그러면 당신은 그들이 훌륭한 실적을 올리는 동안 편하게 여행을 떠나 다음 단계를 계획하며 무한한 행복을 느끼게 될 것이다. 이를 현실에서 이루어내고 싶지 않은가? 열쇠는 간단하다. 그저 열성적으로 부하 직원들의 잘못을 고치려 할 것이 아니라, 미래를 위해 지금 할 수 있는 일에 집중하는 것이다.

이런 비전은 다른 곳에도 적용할 수 있다. 예를 들어 고객을 대할 때에도 이런 비전을 적용할 수 있다. 고객의 행동을 유심히 관찰해 보라. 그들이 왜 당신 회사의 상품을 구매하는지, 또 왜 구매하지 않는지 관찰하다 보면 어느 순간 고객의 마음을 읽고 그들과 교감할 수 있게 될 것이다. 비전이란 관찰을 의미하기도 한다. 이는 미래의 섬으로 떠나는 판타지 여행이 아니다. 바로 현재 이곳에서 고객들과 교감할 수 있는 방법을 연구하는 것이다.

## 스스로를 가두었던 한계에서 벗어나자

특히 관찰은 부하 직원들에게도 효과적이다. 부하 직원들을 이해하지 못한다면, 그들이 가진 천부적인 재능들을 알아보지 못할 것이다. 유능한 무간섭형 관리자는 지난 경기에서 팀원들이 어떤 플레이를 했고, 어떤 역할을 감당했으며, 그들이 잘한 부분과 부족한 부분을 확인하기 위해 지난 경기를 동영상으로 연구하는 코치와도 같다. 심지어 운동 코치들은 선수들이 가진 재능을 다음 시합에 어떻게 적극적으로 활용할 것인지에 대해 많은 연구를 한다. 직장에서도 부하 직원들을 관찰하는 일은 매우 중요하다. 팀원들이 가진 재능을 당신은 가능한한 많이 이해하고 있어야만 모두의 성공을 이끌어낼 수 있다. 부하 직원들이 가진 재능을 일에 어떻게 적용해야 흥미를 가질 수 있을지 고민하고 연구하라. 만약 그것이 가능하면 당신은 두 다리를 뻗고 편안히 쉴 수 있을 것이다.

마지막으로 성공적인 리더십이란 권력이나 통제력과는 전혀 관계가 없는 개념이라는 사실을 알아야 한다. 실수를 찾아내고 새로운 규칙을 만드는 것도 전혀 관계가 없다. 이 모든 것들은 성공을 방해하는 장애물일 뿐이다. 성공적으로 일들을 진행하려면 가능한한 최소한의 규칙을 세우는 것이 좋다. 부하 직원들이 모두 동의할 수 있는 최소한의 규칙만 만들어라. 그거면 충분하다. 무한한 것에 가치를 느끼는 사람에게 많은 규제는 필요하지 않다. 진정으로 중요한 것은 열린 마음과 창의성이기 때문이다. 부하 직원들이 하는 일에 더 관심을 갖고 즐길 수 있도록 장려하고 격려해 줘라. 그렇게 하기 위해서는 규칙에 얽매이지 않는 자유로운 분위기가 무엇보다 중요하다.

성공의 무한한 가능성을 신뢰하라. 그러면 우리 스스로를 가두었던 한계에서 벗어날 수 있다. 시장과 직장은 곧 우리에게 무한한 삶의 기회를 줄 것이다. 제한된 관점에서 벗어나 가능성에 대해 마음을 열어라. 그러면 당신은 성공과 번영을 이끌어낼 수 있다. 이런 사고방식은 당신의 규칙이 되어야 한다.

무간섭형 관리자는 이 규칙을 믿고 신뢰한다. 그리고 실행한다. 당신 역시도 그렇게 해야 한다. 또한 지금까지 삶을 통해 배워 왔던 교육이나 훈련 그리고 경험들을 과감히 내던지고 그 규칙을 삶의 방식으로 삼아야 한다. 많은 관리자들은 지금까지 간섭을 통해 직원들을 관리해 왔다. 그렇기 때문에 우리의 시작은 이런 습관을 버리고 잊는 것에서부터 출발해야 한다. 물론 쉽지는 않다. 왜냐하면 지금껏 우리가 경험한 것들로 인해 믿었던 믿음을 버려야 하기 때문이다. 이상하게 들릴 수도 있겠지만 삶은 우리가 원하는 것들을 가져다 주지 않는다. 우리가 믿는 것을 가져다 줄 뿐이다. 우리가 외부 세계에서 겪었던 경험들은 주로 우리가 원하는 것들을 반영한 것이지 믿는 것을 반영한 결과는 아니다.

점점 더 변화의 속도가 빨라지고 있다.

이런 세상에서 기계적으로 살아간다는 것은 매우 위험한 일이다.

이는 우리가 잘못된 대상을 신뢰하게 만들거나 의지하게 만들 수 있기 때문이다.

— 나다니엘 브랜든 Nathaniel Branden —

간섭주의 관리방식에 익숙해져 있는 사람들은 자신이 이제까지 경험했던 실패와 좌절만을 마음에 두고 살아간다. 그래서 자신이 할 수 있다는 믿음을 쉽게 갖지 못한다. 과거에 실패했다고 해서 미래에도 실패할 것이라는 생각은 잘못이다. 이는 당신이 자기 자신을 신뢰할 수 없는 것 이상의 나쁜 결과를 가져올 수 있다. 우리가 그런 생각으로 삶을 살아갈 때, 평생 동안 자신의 재능이나 가능성을 믿지 못할 것이다. 그 결과 성공으로 가는 길에 올라설 수 없게 된다. 패배주의에서 벗어나기 위해 해야 할 최초의 임무는 자신이 선호하는 관리방식을 찾는 것이다. 두 번째는 부하 직원들이 당신을 위해 훌륭히 일을 수행해낼 것이라고 믿는 것이다. 세 번째는 이 믿음을 현실에 적용하는 것이다. 이 세 가지 단계만 잘 따르면 당신은 성공적으로 부하 직원을 관리할 수 있다.

마지막으로 우리에게 주어진 한 가지 사명이 더 있다. 우리가 이렇게 터득한 방법들을 다른 관리자들에게 전하는 일이다. 방법이 너무 단순하지 않은가? 그럼에도 불구하고 많은 사람들이 지금까지도 그렇게 하려고 하지 않는다. 그들은 그렇게 할 수 없는 이유에 대해 생각하느라 바쁠 것이다. 이것이 바로 간섭형 관리자들이 앞날을 향해 그리고 성공을 향해 전진하지 못하는 명백한 증거이자 원인이다.


## 무간섭형 관리자들이 누리는 의사결정의 기쁨


올바른 관점을 가진 리더가 되려면 올바르게 선택하는 법을 배워야 한다. 대부분의 간섭형 관리자들은 선택에 따른 긍정적, 부정적인 부분에만 관심을 가지려 한다. 그 선택 자체를 사전에 충분히 고려하지 않는다. 반면 무간섭형 관리자들은 부정적인 것을 통해 더 많은 것들을 얻고 배운다.

의사결정 과정은 하루 종일 우리가 귀로 듣고 지혜를 모으는 과정과 밀접한 관련이 있다. 둘 중에 하나를 선택해야 한다면 다음 사항들을 고려해 보라. '이 선택에 대해 나는 어떤 반응을 하게 될 것인가?' '이런 결정을 하면 마음이 편안할 수 있을까?' '이 결정을 통해 성취감을 얻을 수 있을까?' '이 결정 때문에 마음이 불안하거나 불편하지는 않을까?' '이 일이 나에게 너무 부담이 되는 것은 아닐까?'

성공을 위해 필요한 것은 이미 우리의 내면 안에 있다. 이를 깨닫는 사람은 부하 직원들에게 동일한 메시지를 전해줄 수 있다. 쉬워 보이지만 실행만 한다면 직장에 혁명적인 효과를 가져올 수 있는 방법이다. 또한 올바르게 선택하는 방법은 굉장히 새로운 개념이도 하다. 우리가 지금까지 읽어 왔던 그 어떤 경영 서적에서도 말해 주지 않는다. 심지어 어떤 책과는 상반되는 개념일 수도 있고, 사람들이 상식으로 알고 있는 것과 모순되는 개념일 수도 있다.

추상적인 지식에 중독되어 있는 사람들에게
생각의 한계를 초월하라고 말하는 것은 불가능하다. 이것이 가능한 사람은
오직 내면의 열정을 현실로 이끌어낼 수 있는 용기를 가진 사람들뿐이다.

– 메이트레야 이시와라 Maitreya Ishwara –

물론 자신이 갖고 있는 열정을 현실에 적용할 수 있는 사람은 드물다. 그렇기 때문에 우리는 부하 직원들이 그렇게 될 수 있도록 도와주고 이끌어야 한다. 대부분의 사람들은 외부 세계에서 인정받기를 원하기 때문에, 자신의 행동이나 결정에 즉각적인 반응을 얻고 인정받고 싶어 한다. 당신의 임무는 바로 이런 사람들, 즉 다른 사람에게 인정받기 위해 발버둥치거나 미래에 성과를 내는 일에 중독되어 있는 사람들이 갖고 있는 잘못된 성향을 바로잡을 수 있도록 돕는 일이다. 왜냐하면 그런 사고방식들은 일을 그르치게 만드는 지름길이기 때문이다. 다른 사람에게 인정받으려는 욕망은 근본적으로 일을 성공적으로 처리해냈을 때에만 채워질 수 있다(결과적으로 성공하면 다른 사람의 인정을 받을 수 있기 때문에).

진정으로 용기 있는 사람은 자신의 무한한 가능성을 찾기 위해 내면으로 들어간다. 그곳에서는 다른 사람에게 인정받을 필요도 없고, 다른 사람들의 시선이나 평가에 고민할 필요가 없다. 당신이 혼자 있을 때 그 어떤 누구도 당신을 평가하지 않으며 당신의 내면을 관찰할 수도 판단할 수도 없다. 그래서 우리는 혼자 있는 시간을 통해 우리 자신을 알아갈 기회를 가져야 한다. 외부 세계의 잣대인 다른 사람의 시선에 더 이상 연연해할 필요가 없는 것이다.

## 성공의 가능성을 믿는 사람 모두가 성공할 수 있다

무간섭형 관리방식은 이런 통찰력을 보여준다. 성공을 자연스럽게 불러오는 것은 성공을 이뤄내기 위해 발버둥치는 것과 반대되는 개념이다. 자연스러운 성공이란 당신의 삶이 내면의 세계와 일치할 때에 가능하다. 이 과정을 통해 당신의 의무라고 생각되는 것들에서 자유로워질 수 있다. 그리고 세상이 우리에게 요구하는 것으로 생각했던 의무에서부터 해방될 수 있다.

보통 사람들은 자신의 성공 가능성에 대해 조언을 해도 그것을 현재의 삶에 활용하지 못한다. 단지 그런 이야기는 책에서나 읽을 법한 이론일 뿐이라고 덮어둔다. 그리고 한 번도 시도해 본 적이 없는 일이기에 성공하지 못할 것이라고 단정해 버린다. 이것이 바로 성공하지 못하는 사람들의 문제이다.

현실은 그와는 정반대이다. 우리는 이 성공의 가능성을 직장에서 충분히 적용하고 활용할 수 있다. 성공을 위한 최적의 조건과 상황에 놓인 사람들만이 성공하는 것은 아니다. 성공의 가능성을 믿는 사람 모두가 성공할 수 있다. 또한 당신의 옆자리에 앉아 있는 부하 직원들도 똑같이 성공할 수 있고, 이는 우리 내면의 세계에 관한 이야기이다.

이것을 깨닫는 사람은 부하 직원들의 부족한 점을 발견하려고 애를 쓰기보다는 그들이 가진 강점을 찾는 일에 더 주력할 것이다. 그리고 그들이 가진 재능을 충분히 활용할 수 있도록 부하 직원들을 도울 것이다. 반면 간섭형 관리자는 일이 있으면 눈앞에 있는 아무 직원에게나 일을 맡길 것이다.

　대부분의 비즈니스는 관리와 통제 속에서 이뤄진다. 그래서 부하 직원들은 관리자가 수립한 규칙과 방침에 따라 감시를 받으며 일한다. 사실 동물을 훈련시키는 것과 별로 다를 게 없다. 우리는 이를 바꿔야 한다. 그리고 무간섭형 관립방식을 받아들여야 한다. 부하 직원들이 하고 싶은 일을 하고 있다면 굳이 일을 시킬 필요가 없다. 일이 제대로 진행되고 있는지 살펴보기 위해 사사건건 간섭할 필요도 없다. 또한 동기를 부여하기 위해 머리를 쓰지 않아도 된다. 뿐만 아니라 열심히 하라고 부하 직원들을 닦달할 필요도 없다. 부하 직원들은 이미 자신들이 하고 싶은 일들을 함으로써 충분히 일을 즐기고 있기 때문이다. 일을 즐기면서 하다 보면 어느 순간 성공은 따라오기 마련이다.


## 그렇다면 관리자가 해야 할 일은 무엇인가?

　무간섭형 관리자인 당신의 일은 바로 배우는 일이다. 사람들이 하고 싶은 일이 무엇인지를 배우고, 그들이 갖고 있는 천부적인 재능과 가능성이 무엇인지 배워야 한다. 또 그런 재능들을 적극적으로 반영할 수 있도록 적절하게 역할을 분담해 주는 기술도 배워야 한다. 그들의 이야기를 들어주고 그들이 좋아하는 일을 발견할 수 있도록 도와주는 역할도 무간섭형 관리자의 임무이다. 그러려면 먼저 그들에게 다가가야 한다. 그런 다음 부하 직원들이 우리에게 보여주는 자신들의 진정한 모습을 관찰해야 한다.

여행을 떠나면 우리는 일상생활보다 더 흥미롭고 도전적인 기분을 만끽할 수 있는데, 이는 그런 기회들이 흔하지 않기 때문이다. 한편 부하 직원들은 주로 당신이 듣기 좋아할 말들만 하는 경향이 있다. 그렇게 하면서 내심 연봉이 좀 더 올라가기를 기대하는 것이다. 이런 식으로 상사의 인정을 받으려고 노력하는 것은 삶의 큰 불행을 초래할 수 있다. 당신은 그런 방식으로 인정받으려는 사람들을 해방시켜 주어야 한다. 상사의 인정을 받으려고 노력하는 것은 진정한 생산성 향상을 위한 길이 아니라는 것을 분명히 가르쳐야 한다. 그리고 그 방식은 성공을 가져오는 길이 아님을 명확히 해야 한다. 그래야만 부하 직원들도 진정한 자유를 얻을 수 있게 된다. 진정한 자유의 길로 이끌어가는 상사에게 부하 직원들은 분명 감사해 할 것이다. 인정받으려는 노력만큼 무익하고 쓸데없는 일도 없다. 부하 직원들에게 그런 사실을 가르쳐 줘라. 그리고 그들뿐만 아니라 가족과 주변사람들에게도 그런 교훈을 가르쳐라.

그리고 관리자로서 직원들이 좋아할 만한 일이 무엇인지 관심을 가져보자. 사람들이 원하고 잘 할 수 있는 자리에 그들을 배치한다면 성과를 올리기 위한 교육이나 감독을 하지 않아도 될 것이다. 왜냐하면 그들은 자신이 하는 일에 애정과 열정을 갖게 되기 때문이다. 그러니 그들에게 성과를 올리라고 지시하거나 강요할 필요가 없다.

부하 직원들을 가장 적절한 자리에 배치를 했을 때 발생하는 성과들을 살펴보자. 그들은 이제 자신의 재능을 세상으로 드러낼 기회를 갖게 되고, 자신이 하고 싶어 하는 일을 할 수 있게 된다. 더 이상의 관리 감독을 하지 않아도 충분히 당신이 기대한 것 이상의 성과들을 가져다 줄 것이다. 이는 우리가 직장을 지키고 있지 않더라도 가능하다. 바로 최상의 무간섭형 관리인 것이다.

아직도 무간섭 관리원칙이 나약한 관리방식으로 여겨지는가? 아직도 무간섭 관리방식이 가장 효과적인 관리방식이라는 사실을 이해하지 못하는 사람을 위해 한 가지 사례를 소개하겠다. 미식축구 코치는 이 무간섭형 관리방식을 가장 적극적으로 활용하고 반영하는 사람들이다. 그 중에서도 빈스 롬바디라는 코치는 날마다 연습장을 거닐며 후방 선수들이 진영을 제대로 이루고 있는지 살펴본다. 또 수비수가 2야드 이내에서 공격할 수 있는지 확인한다. 그런 다음 경기가 있기 전에 선수들을 모두 모아놓고 말한다. "너는 수비수에 도전해 보는 것이 어떨까? 지금의 네 포지션은 적합하지 않는 것 같아." 이런 식으로 선수들에게 더 적절한 포지션을 찾아주며 선수들의 위치를 수정한다. 그는 선수들을 적절한 포지션에 배치하기 위해 다양한 포지션에 선수들을 투입해 보기도 하고,

계속 바꿔가면서 최고의 포지션을 찾아준다. 이것이 바로 무간섭형 관리자의 한 모델이다.

## 인정받으려 할수록 비판을 두려워하게 된다

마지막으로 최고의 관리자는 부하 직원들로부터 최고의 것을 얻어낼 수 있는 사람이다. 부하 직원들이 갖고 있지 않은 능력을 끌어내기 위해 억지로 일을 강요하는 게 아니라, 그들 자신을 가장 잘 표현할 수 있는 모습을 찾아주려 한다. 이것은 부하 직원들의 인생에 있어서 가장 큰 선물이 될 것이다. 듀웨인은 관리자들에게 이렇게 말했다. "부하 직원들이 알고 있는 것 이상의 것들은 그들 속에서 찾아내십시오. 그곳으로 그들을 이끌어 주십시오."

> 믿지 못하는 것보다 사람을 더 외롭게 만드는 것은 없다.
>
> – 조지 엘리엇 George Eliot –

우리가 왜 이런 노력을 해야 하는 것일까? 굳이 부하 직원들이 하고 싶어 하는 일을 찾으려고 노력할 필요가 있을까? 그들 스스로 자신의 잠재력을 찾아낼 수는 없을까? 안타깝게도 자신의 내면을 발견할 수 있는 방법에 대해 교육을 받거나 훈련하지 않았기 때문이다.

어려서는 부모에게 순종하고 어른이 되면 직장에 들어가는 것이 우리의 삶이자 사회의 시스템이다. 당신이 사춘기였을 때 늘 항상 부모나 교사들의 걱정과 비판을 들으며 자랐을 것이다. 이런 경험은 우리를 매우 혼란스럽게 한다. 직장에 들어가도 젊은 사람들은 보수적이고 비효율적인 회사의 경영방식 때문에 구속을 받는다. 또 이들이 나이가 들면 자신이 경험했던 방식을 그대로 아랫사람들에게 적용한다. 그래서 사람들은 다른 사람의 잘못이나 실수를 용인하고 미래를 향해 현재의 시점에서 한 걸음 나아가는 법을 배우지 못한다. 결코 갖고 있는 재능이나 잠재력을 발견하지 못하는 것이다. 그리고는 다른 사람들이 자신을 어떻게 평가하는지에 대해서만 신경을 곤두세운다. 결국 우리가 가진 잠재력은 비판과 의무 뒤에 가려지게 되는 것이다. 우리는 인생을 통해 이런 것들을 배워 왔다. 우리의 유일한 관심사는 다른 사람에게 인정을 받고 좋은 평가를 얻는 것뿐이다. 어떻게 하면 우리가 맡은 일을 잘 해낼 수 있을까에 대해 관심을 두기보다는 어떻게 하면 다른 사람의 호감을 살 수 있을까에 대해서만 관심을 쏟는다. 이게 과연 올바른 삶일까?

우리의 사회는 끊임없이 성인이 아닌 사람에게 어른이 되라고 종용함으로써 사람들을 실패로 이끌고, 또 자신에 대해 비판적인 사람으로 만든다. 자신이 좋아하는 일의 전문가가 되라고 격려하거나 가르치지 않는다. 그 결과 사람들은 자신의 진정한 모습을 찾는 것에 둔감해 질 수밖에 없다. 당신이 그들의 참 모습을 발견할 수 있도록 도와야 할 이유는 바로 여기에 있는 것이다.

다른 사람들에게 인정받으려 하면 할수록 사람들은 비판받는 것을 두려워하게 된다. 그래서 사람들은 날마다 기대와 실망이라는 상상 속에서 갈팡질팡한다. 고객을 감동시키려는 노력보다는 직장에서 어떻게 하면 상사에게 더 인정받고 점수를 딸 수 있을 것인가를 고민하며 살아가는 것이다. 그 결과 자신의 기대대로 다른 사람에게 인정받지 못하면 스스로를 자책하고 그로 인해 괴로워한다. 의식적이든, 무의식적이든 그들은 실패할 때나 다른 사람들이 자신의 일에 대해 비판할 때, 이렇게 둘러댄다. "나도 다 알아요. 내가 부족하다는 거 나도 알고 있으니까 비난하지 말라고요." 아니면 이렇게 말하기도 한다. "나는 당신보다 먼저 성공할 겁니다. 두고 보세요. 이번 일은 결코 잊지 않을 거예요."

이는 낮은 자존감에서 비롯되는 자기방어에 불과하다. 특히나 우리가 새로운 팀을 담당하게 되면 그곳에서 이렇게 말하는 사람을 쉽게 발견할 수 있다. 만약 그 팀이 한 번도 무간섭형 관리자를 경험해 보지 못했다면 당신이 시도하려는 새로운 관리방식은 그들에게 엄청난 충격이 될 것이다. 무간섭형 관리원칙을 접해 보지 못한 그곳의 사원들은 서로에 대해 이렇게 생각할 게 분명하다.

'어제 망치고 온 거래 때문에 새로 온 상사에게 또 한소리 듣겠군. 괜히 초반부터 형편없다고 찍히기 전에 같이 다녀온 동료에게 덮어씌워야겠군.'

자신이 좋아하는 일과 이에 대한 자신감을 발견할 수 있도록 도와줄 기회를 놓친 사람은 교사나 부모만이 아니다. 크게 성공한 컨설턴트나 전문 코치들도 종종 기회를 놓치곤 한다. 사람들이 성공할 수 있도록 지도하려면 그들이 되고 싶어 하는 가장 최고의 모습으로 그들을 변화시켜야 한다. 그들에게 할 수 있다는 자신감을 심어줌으로써 내면의 모습을 유지할 수 있도록 도와주어야 한다.

열정과 비전이 없는 간섭형 관리자는 항상 이런 철학에 기반하여 결론을 내린다. "부하 직원들은 내 지시대로 움직여야 성공할 수 있다." 이는 과도하게 자기중심적인 사고방식이다. 절대로 올바른 방법이 아니다. 우리는 상호 연관적이지 고립무원의 고독한 자아가 아니다.

남을 탓하는 순간 우리는 변화를 만들어낼 수 있는 에너지를 잃게 된다.

– 더글라스 노엘 애덤스 Douglas Noel Adams –

한번은 자레드라는 컴퓨터 프로그래머를 만나 지도를 한 적이 있었다. 그의 문제는 자신의 부족한 점에 지나치게 집착한다는 것이었다. 그래서 항상 새로운 일에 대해 두려움을 갖고 있었기 때문에 자신이 정말로 잘 할 수 있는 일만 골라서 했다. 괜히 일을 그르쳐 다른 사람의 인정을 받지 못하거나 비난받지는 않을까 염려한 그는 일을 시작하기 전부터 지레 겁을 먹고 스트레스를 받았다.

이는 비단 자레드에게만 해당하는 이야기가 아니다. 우리 사회는 어린아이 때부터 내면의 가치를 중시하며 살 수 있도록 격려하지 못한다. 그래서 대다수의 사람들은 내면의 참 모습과 현실적 삶을 두고 혼란스러워 하며 갈등한다. 그렇기 때문에 우리가 두려움을 갖게 되면 진정한 자아를 발견할 수 없다. 자레드 또한 두려움 때문에 자아를 잃어버리고 있었다. 이를 극복하기 위해 그에게 가장 필요한 것은 자기 자신에 대한 확신과 신뢰였다. 다행히도 그의 상사는 무간섭형 관리원칙을 고수하는 사람이었다.

상사는 자레드가 직장에서 자신의 참 모습과 가장 하고 싶어 하는 일을 찾아 집중하고 일을 즐길 수 있도록 도왔다. 물론 다른 사람에게 인정받는 것도 중요하지만, 그것이 삶을 지배하거나 통제하도록 해서는 안 된다는 것도 가르쳤다. 무간섭형 상사 덕분에 자레드는 마침내 깨달을 수 있게 되었다. 자신이 사랑하는 것은 결코 다른 사람들의 인정이 필요하지 않다는 사실을.

## 미식축구 코치의 겸손함과 자존감

텍사스 대학의 미식축구 팀이 2006년 미국 대학 챔피언십에서 우승했을 당시 수비수 빈스 영은 결승 경기에서 맹활약을 했다. 그는 이미 유년기 때부터 재능을 인정받은 훌륭한 선수였다. 많은 사람들은 그가 대학생 선수들 중에서 최고의 수비수라고 칭찬을 아끼지 않았다. 이 팀의 코치인 맥 브라운은 인터뷰 도중, 빈스 영의 실력이 어떻게 계속 향상되었는지에 대해 질문을 받았다. 그는 질문에 이렇게 대답했다. "나는 그에게 코치를 해 본 적이 거의 없어요. 그저 그가 하고 싶은 대로 내버려 두었습니다. 그의 내면에는 열정이 불타고 있었죠. 그것을 자연스럽게 밖으로 이끌어내기 위해서는 그가 하고 싶은 대로 내버려두는 것이 최고라고 생각했습니다."

무간섭형 원칙을 지향하는 브라운 코치의 매우 겸손한 대답이다. 그런 코치의 방식이 적절했다는 것을 증명이라도 하듯 빈스 영은 해마다 챔피언십을 따냈다. 만약 다른 코치였다면 아마도 그를 자신의 구상에 맞게 고치려고 계속 노력했을 것이다.

브라운 코치의 겸손한 대답을 잘 살펴보면 자존감이 전혀 낮지 않다는 것을 알 수 있다. 자신은 별로 역할을 하지 않았다고 겸손하게 말했지만, 그의 무간섭주의 원칙이 시너지를 발휘할 수 있었던 것이다. 그는 여전히 한 일이 없다고 말하지만, 주변 사람들은 분명 그가 빈스 영의 발전을 위해 크게 기여했다는 사실을 잘 알고 있다. 우리 모두 브라운 코치처럼 다른 사람을 성공으로 이끌 수 있다. 한 걸음 물러서서 그들을 도울 때, 비로소 그 사람을 높은 곳을 이끌 수 있다. 그와 동시에 자연스럽게 당신 자신도 높은 곳으로 올라갈 수 있다. 위대한 코치는 언제 무엇을 하고 하지 말아야 할지를 잘 아는 사람인 것이다.

## 제7장을 읽은 후 당신이 따라야 할 3가지 행동 단계 :

- 미래나 과거의 문제를 갖고 사람을 모으거나 회의를 열지 마라. 현재의 사안들만을 갖고 회의를 하라. 우리가 현재의 문제들을 해결하기 위해 필요한 기술과 능력은 무엇인가? 우리가 갖고 있는 자원들은 현재 적절히 활용되고 있는가? 이런 질문들을 통해 회의의 주제를 재능과 자원들로 옮겨라. 미식축구 코치가 선수들을 올바른 포지션으로 배치하려고 노력한 것처럼 부하 직원들도 모두 올바른 위치에 있는지를 확인하라.

- 당신이 결정해야 할 사항에 대해 두세 가지를 적어 보아라. 하나를 결정했을 때 자신의 감정이나 기분이 어떨지 생각해 보아라. 특히 스트레스를 얼마나 받게 될지에 대해 곰곰이 생각해 보아라. 어떤 스트레스도 당신이나 팀원들을 성공적인 삶으로 이끌어 갈 수 없다. 스트레스를 주는 대상에 과감히 도전하라. 그리고 반드시 선택해야 한다는 강박관념을 버리고, 자연스럽게 최고의 결정이 내려질 수 있도록 마음을 바꿔라. 이렇게 하려면 결정해야 할 사항들을 선택하여, 발생할 수 있는 좋은 점과 나쁜 점을 각각 적어보는 것도 좋다. 그런 후 선택이 당신의 내면에 있는 비전과 일맥상통 하는지를 살펴보라. 무언가를 결정하기 위해 스트레스를 받을 필요는 전혀 없다. 결정은 자연스럽게 이루어지기 때문이다.

- 당신의 회사나 팀에 지원한 사람들과 인터뷰를 가질 때는 이전의 인터뷰 시간보다 좀 더 길게 잡아라. 추가된 시간 동안 지원자들에게 역할극을 실시하라. 그들이 각각의 상황에 대응하는 모습을 보면 어떤 사람을 선택해야 할지 자연스럽게 알 수 있게 된다. 추가된 시간은 우리가 선택한 사람이 적합한 사람인지 아닌지를 확인할 수 있는 시간이다. 또 잭이나 멜리사가 했던 실수를 반복하지 않도록 돕는 시간이기도 하다.

제8장

# 이전의 방식을
# 과감히 뒤집어라

떡갈나무는 도토리에서 시작되고 새는 알에서 부화할 날을 기다리며

사람의 가장 높은 비전은 꿈에서 시작된다.

꿈은 현실의 묘목이다.

− 제임스 앨런 James Allen −

척은 며칠 전 조디와 함께 한 프로젝트를 맡았다가 그녀와 빚어진 문제 때문에 심각한 갈등 상태에 빠져 있었다. 그는 안절부절 못하며 한참 동안 회의실을 맴돌다 이렇게 말했다.

"조디가 지난 주에 나에게 어떻게 했는지 아세요? 나와 함께 작성한 기획안을 마치 혼자서 작성한 것처럼 상사에게 제출해 버렸어요. 정말 너무 속이 상했습니다. 상처도 많이 받았고요."

나는 한참 동안, 그가 외부 세계에서 일어난 사건들로 인해 얼마나 낙심하고 사람들을 불신하게 되었는지에 대해 이야기를 들었다. 그의 이야기가 끝나자 나는 조언을 했다. 자, 보자. 미래를 향해 한 걸음 전진했다는 기분이 느껴질 때가 언제인지 아는가? 그것은 과거의 문제를 지나간 일이라고 분명히 인식할 때이다.

척과 대화를 나누고 난 뒤 나는 조디를 불렀다. 그리고 서로가 이해할 수 있도록 무간섭주의 대화 방식을 사용하여 둘의 마음을 열게 하려고 노력했다. 조디는 자신이 상사를 만나 척이 도와준 부분에 대해 얼마나 많은 칭찬을 했는지를 이야기했다. 그들은 분명 서로를 오해하고 있었다. 이 대화를 통해 서로가 깨닫지 못했던 것들을 새롭게 알게 되었다. 척이 마치 큰일이라도 난 것처럼 안절부절 못하던 문제들이 실제로는 자신이 알고 있던 것들보다 무척 사소한 일이었던 것이다. 어느 정도 시간이 흐르고 둘은 화해하고 다시 서로를 신뢰할 수 있게 되었다.

사실 외부에서 일어난 사건에 대한 피드백은 그다지 중요하지 않다. 정말로 중요한 것은 직접 상대를 만나 그들이 갖고 있는 생각을 이해하는 것이다. 척과 조디가 했던 것처럼 함께 만나 대화 시간을 가짐으로써 상대방과 서로 다른 관점을 좁혀나가는 것이다. 또 그런 시간들을 통해 문제에 집중하기보다는 그 상황에서 각자가 할 수 있는 일이 무엇인지를 발견할 수 있다.


문제에 대한 주변의 부정적인 말들은 사람들이 겉치레로 던지는 가벼운 충고임을 기억하라. 서로를 이해하고 문제를 제대로 해결하려면 당사자가 만나 대화를 나눌 수밖에 없다. 상황을 제대로 알지 못한 채 함부로 판단하는 것은 진정으로 문제를 해결할 수 있는 당사자 사이의 벽만 쌓을 뿐이다.

## 파일럿은 하늘이 아닌 과정을 난다

듀웨인 블랙은 사람들과의 관계에서 비롯되는 스트레스를 다음과 같이 해결해 왔다.

나는 파일럿이다. 그래서 나는 비행기의 비행 '과정'을 설명하기 위해 비행기를 인용하는 것을 좋아한다. 비행기를 조종하다 보면 때때로 예정된 방향에서 벗어날 때가 있다. 하지만 곧 파일럿은 이에 대한 '재조정'을 하여 목적지로 안전하게 비행한다. 오히려 예정된 방향을 빗나가려 하기 때문에, 파일럿은 조종을 하면서 예정된 방향으로 성공적으로 비행을 마칠 수가 있다. 이는 도로 위에서도 마찬가지이다. 운전자가 GPS를 작동하는 것은 도착지까지 올바르게 찾아갈 수 있도록 길을 찾기 위함이다. GPS는 우리가 제대로 된 과정에서 벗어나지 않도록 하기 위해 고안된 기계이다.(기술적으로 GPS는 당신을 거의 완벽할 정도로 우리를 올바른 길로 인도한다.) 이런 맥락에서 볼 때 자동차 운전자의 운전방식은 파일럿의 조종법과 비슷하다. 또한 우리의 삶도 마찬가지이다. 우리는 과정을 계속해서 수정함으로써 삶의 잘못된 방향을 고쳐 다시 올바른 길로 전환할 수 있다. 우리가 잘못된 방향으로 가고 있다는 사실을 빨리 깨달을수록 우리는 예정된 목적지까지 더 빠르게 도달할 수 있다.

GPS는 자동차가 잘못된 길로 가더라도 화를 내거나 감정을 드러내지 않는다. 이 기계는 오히려 잘못된 것을 지적하는 것을 좋아한다. 왜냐하면 잘못된 길을 올바르게 지적하는 일이 자신의 역할이기 때문이다. 척과 같은 사람들은 발생한 사건들을 미신적으로 바라보는 경향이 있다. 그들은 뭔가 일들이 정도에서 벗어나게 되면 필시 그것이 부정적이고 안 좋은 일이라고 믿고 판단한다. 그래서 안 좋은 일들이 그에게 보내는 신호를 보고 길을 제대로 된 방향으로 수정하지 못하고 우선 화부터 내고 당황해 한다. 올바른 길에서 벗어나는 것의 이점은 우리에게 변화가 생길 때마다 우리가 그것을 감지할 수 있다는 것이다. 대부분의 사람들은 변화를 거부하고 두려워한다. 왜냐하면 변화가 행복한 삶과 동의어라는 것, 이를 통해 이전보다 더 나은 삶을 살 수 있는 스릴 넘치는 과정이라는 걸 모르기 때문이다.

> 가장 강하거나 지능적인 종이 생존하는 것은 아니다.
> 변화에 가장 잘 적응하는 종이 오랫동안 생존한다.
>
> — 찰스 다윈 Charles Darwin —

무간섭형 관리자에게 변화란 사계절의 변화를 즐기는 것과 같은 삶의 일부이자 기쁨이다. 그런 사람은 비가 오는 날을 좋아한다. 지구의 생명체들에게 생명력을 주기 때문이다. 새로운 것이 더

해진다면 삶은 더 신선함을 유지할 수 있을 것이다. 변화란 삶을 즐겁게 만드는 것이며 우리를 성장할 수 있게 돕는다.

무간섭형 관리자는 삶이 새로운 것을 이뤄나가는 과정이라는 사실을 깨달을 수 있도록 사람들을 돕는다. 그렇게 함으로써 사람들이 변화를 적이 아닌 친구로 여기고 받아들일 때, 무간섭형 관리자는 다시 한 번 성공의 기적을 불러일으키게 된다.

## 비판적으로 생각하고 비교하는 것을 멈추어라

대부분의 관리자들은 외부적 관점에서 조직이나 세상을 바라본다. 그들은 항상 외부의 세계에서 더 고쳐야 할 게 없는지 살핀다. 이들은 무언가를 얻고자 할 때 먼저 외부의 세계에서 찾는다. 그리고 판단을 통하여 자신이 생각하는 대로 세상을 바꾸고 싶어 한다.

이제는 이런 과정을 뒤집어야 할 때이다. 직정에서뿐만 아니라 우리의 인생에서도 말이다. 우리가 외부의 세상을 보아야 할 필요가 있다면, 그것은 바로 우리 자신의 내면을 들여다보기 위함이다. 외부의 세계는 내면의 모습을 비추는 거울과도 같기 때문이다. 이 거울을 들여다봄으로써 자신의 참 모습을 발견하고, 무간섭주의 원칙을 세상에 적용하여 더욱 생산성이 높고 활기찬 세계를 만들어낼 수 있다. 이를 위해 당신은 먼저 비판적인 판단을 멈춰야 한다. 당장 비판적으로 생각하고 비교하는 것을 멈춰라. 다른 사람들을 판단하려 들지 말고, 다른 사람들이 무엇을 해야 할지에 대해 당신이 결정하려 들지 마라. 대신 그 사람들이 가진 참 모습을 찾아내라. 그리고 당신의 참 모습도 찾아내기 위해 노력하라.

외부의 세상은 분명 우리 내면의 모습을 보여 줄 수 있을 것이다. 당신이 내면의 세계로 들어가 새로운 것을 찾고 시도할 때 상상하는 것 이상의 좋은 결과를 얻게 될 것이다. 다른 사람들이 당신에 대해 칭찬하는 것이 무엇인지 떠올려라. 다른 사람들은 우리가 아는 것 이상으로 당신의 장점과 재능을 잘 느끼고 있다. 주변에서 항상 재능과 장점들이 무엇인지 알리려고 신호를 보내기 때문이다.

이렇게 세상이 당신에 대해 칭찬을 하면 무엇을 얻고 느낄 수 있는지를 생각해 보라. 아마도 당신은 굳이 잘 하려고 노력하지 않아도 다른 사람보다 월등히 더 잘 할 수 있는 일을 찾게 될 것이다. 그것이 바로 우리가 갖고 있는 재능이다. 모차르트는 어려서부터 작곡을 시작했다. 이는 자신의 재능을 일찍부터 발견한 사례이다. 사실 모차르트의 부모와 주변 사람들은 일찍부터 그가 가진 재능을 알아봤다.

우리 모두에게도 이와 유사한 재능들이 있다. 그렇기에 외부의 세상을 통해 자신을 고치려 하는 노력은 이제 멈춰야 한다. 대신 자신의 내면과 일치하는 세상의 일들을 알 수 있어야 한다. 이것은 경험을 통해서 할 수 있다. 우리의 삶은 자신을 믿기 위한 훈련의 과정이다. 수영선수가 마치 물을 믿음으로써 수영을 시작하듯이 말이다.

이런 이야기를 접한 많은 사람들은 자신에게 주어진 천부적인 재능에 대해 믿지 않는다. 그리고는 이렇게 말한다. "다른 사람보다 특별히 잘 할 수 있는 거요? 그런 거 없어요. 내가 시도한 것들은 전부 실패했어요." 하지만 이렇게 말하는 사람조차도 얼마 지나지 않아 자신을 관찰하고 자신의 재능을 발견하게 된다. 지금까지의 실패들은, 자신을 어떤 모습으로 만들어야겠다고 끊임없이 구속했기 때문이라는 사실을 새롭게 깨닫는 것이다. 당신은 그 과정을 뒤집어야 한다. 그 다음 단계가 문제를 극복해 나가는 과정이다.

많은 관리자들은 문제를 해결하기 위해 자신이 존재한다고 생각한다. 그래서 가장 먼저 문제가 있는지 없는지를 확인하고, 문제가 없다면 이는 전적으로 자신의 노력 덕분이라고 생각한다. 이게 바로 간섭형 관리자들의 전형적인 모습이다. 오로지 문제를 극복하려는 것에만 집중하면 실제적인 성과는 이끌어내지 못한다. 이보다는 더 큰 안목에서 문제를 조망할 수 있어야 한다. 바로 전체적인 시스템 말이다.

오늘날 간섭형 관리자들은 세상의 흐름에 역류하는 역기능적인 접근방식을 고수한다. 그들 대부분은 규칙이나 제약을 잣대로 삼아 부하 직원들의 업무량과 실적을 평가한다. 또는 부하 직원들이 마감 날짜에 잘 맞추는지 아닌지를 보고 판단한다. 이런 관리방식 때문에 많은 회사들이 오랜 세월 동안 사원들을 통제하고 구속하는 환경 속에서 일을 해 왔다. 물론 관리자들은 이런 방식이 최고의 성과를 이끌어낼 수 있는 방식이라고 믿어 왔다. 심지어는 부하 직원들이 성과를 내지 못하면 어떻게든 그들의 정신까지도 통제하려고 했다. 그러나 현실은 이와는 다르게 돌아간다.

> 불과 얼음 때문에 세상이 멸망할지 모른다는 상상은 불필요하다.
>
> 그러나 문서작업이나 과거에 대한 동경 때문에 멸망할 가능성은 충분하다.
>
> – 프랭크 자파 Frank Zappa –

사람들에게서 최고의 것을 이끌어내려면, 그들이 수행하는 업무의 과정에 대해 관심을 접어야 한다. 그렇게 함으로써 갖고 있는 재능들이 자연스럽게 업무에 반영될 수 있도록 유도해야 한다. 미리 결정해 둔 프로그램에 따르도록 강요한다면 결코 최상의 성과는 이끌어낼 수 없다.


## 직장에서 더 나은 커뮤니케이션을 하기 위해

편안하고 자연스러운 커뮤니케이션을 하기 위해서는 서로의 관계가 편안해야 한다. 필요에 의한 인위적인 관계는 상호 간의 참모습을 볼 수 없게 하기 때문이다.

자신의 모습을 가장하지 않고 꾸밈없이 살아가는 사람들은 자신이 갖고 있는 최고의 모습을 보여줄 수 있다. 우리 역시 그런 사람들을 만나야 편하게 어울릴 수 있고 좋은 관계들을 만들어 나갈 수 있다. 사람들이 자신의 외적인 모습을 자랑하면 왠지 거부감이 느껴지고 자기 자신을 방어하게 된다. 또한 그 사람이 갖고 있는 외적인 모습에 자기 자신을 비교하기 시작한다. 그렇게 되면 그릇된 두 자아는 내면에서 경쟁적으로 충돌할 수밖에 없게 된다.

편하고 좋은 관계를 만들고 유지하려면 자신의 순수한 모습을 그대로 드러내는 것이 가장 좋다. 이렇게 만들어진 관계는 일터를 한층 더 안정되게 한다. 그뿐 아니라 내면과 외면의 모습이 일치할 때 우리는 더 넓은 시각으로 자기 자신을 바라볼 수 있다. 우리는 더 이상 회사와 분리된 객체가 아니다. 회사의 가치를 제대로 이해할 때, 어떤 사람이 생산성 향상에 도움이 되는지를 알고 있을 때, 고객 서비스에 대한 명성을 유지하는 방법을 깨달을 때, 우리는 더 이상 회사와 분리된 개인이 아닌 것이다. 그러면 당신은 외부 세계에서 성공하기 위해 발버둥치지 않고 내면의 성공을 자연스럽게 이끌어낼 수 있게 된다. 이제 우리는 인생의 방향과 가치가 동일하다는 것을 알았다. 비로소 우리의 역할과 회사의 역할이 무엇인지 분명히 정의할 수 있게 된 것이다.

프로젝트를 기술적으로 평가할 때 좋고 나쁜 것에 대한 판단이 우선되어서는 안 된다. 가장 자연스러운 출발은 회사가 추구하는 가치가 무엇인지, 이를 위해 새로운 프로젝트는 어떻게 기여할 수 있는지를 보고 평가해야 한다.

듀웨인이 일하는 회사는 주로 중상위급의 건물들을 짓는다. 이 회사는 개발을 시작할 때마다 건축물의 위치를 어떻게 정할 것인지에 대한 그들만의 원칙이 있다.

듀웨인이 이렇게 말했다. "우리는 하려는 일이 무엇인지를 정확히 알고 나서야 착수합니다. 우리가 시작하는 프로젝트가 어떤 범주에 들어가는지를 분리하는 것은 쉬운 일이죠. 또한 새로운 일을 시작할 때 잘못된 부분들을 시정하려 하기보다는 우리가 지향하는 가치와 전문적인 수행이 일치하느냐를 우선적으로 고려합니다."

이 말을 잘 기억해 두어야 한다. 팀 내부 사람들의 참 모습을 발견한다는 것이 얼마나 중요한지를 잘 알 수 있기 때문이다. 팀원들을 제대로 파악하지 못한다면 그들의 역할에 맞는 임무를 부여하기 어려울 것이다. 이는 곧 회사를 위해 가장 적합한 것이 무엇인지 발견할 수 없다는 것과 같다.

> 창의력은 학습의 과정이며 교사와 학생이 동일한 인격체로 위치할 때 발휘된다.
>
> – 아서 쾨슬러 Arthur Koestler –

## 그들에게 당신의 시간을 아낌없이 주어라

많은 사람들은 이 사회에서 십일조의 법칙을 배우면서 자랐다. 십일조란 우리가 얻은 소득의 10분의 1을 감사의 표시로 신에게 바침으로써 그 이상의 것을 구한다는 의미이다. 그러나 업무의 과정은 우리가 들인 공에 항상 합당한 결과를 가져오지 않는다. 이는 분석된 결과대로 작동하는 기계와는 전혀 다르다. 따라서 업무에 투입한 인풋과 결과인 아웃풋을 딱 맞춰서 계산하거나 분석할 수는 없다.

우리는 경험을 통해 이를 알고 있다. 더 많은 것을 베풀고 다른 사람에게 더 관용적일 때 더 많은 것을 되돌려 받을 수 있다는 것을. 이런 일들은 우리의 삶에서 분명히 일어난다. 그렇지만 결코 분석한 결과처럼 일어나지는 않는다. 계산이나 분석으로 수치를 측정할 수 없기 때문이다. 그럼에도 불구하고 사람들은 매번 얼마나 돌려받을 것인지를 계산하고 고민한다. 마치 자신을 보호하기 위해 필요한 것들을 마련해 두는 것이 인생의 최우선 목표인 것처럼 살아간다. 어떻게든 위험을 줄이고 장애물들을 피하기 위해 매사에 노심초사하는 것이다. 이런 사람들은 결코 무간섭주의 원칙을 배울 수도 없고 활용할 수도 없다. 이들은 내면을 바라봄으로써 세상과 커뮤니케이션하는 방법을 깨닫지 못한다. 왜냐하면 외부 세계로부터 자기 몸 하나 지키기에도 바쁘기 때문이다.

이는 회사에도 적용할 수 있다. 나는 최근 포춘 500대 기업 중의 하나인 회사 직원들을 교육했었다. 교육을 통해 알게 된 사실은, 이들에게 있어 직장 동료나 상사는 모두 '적'이라는 것이었다. 그들은 늘 이런 단어로 말을 시작한다. "이 회사는 ~하지 않는다." 또는 "이 회사는 결코 ~을 한 적이 없다"라고.

무간섭형 관리원칙을 성공적으로 활용하려면 사원들이 이런 생각에서 벗어날 수 있도록 적극 도와야 한다. 사원들이 이렇게 말할 수 있을 때 우리 자신과 회사의 성공을 이뤄낼 수 있다. "우리 회사는 ~이래요.", "우리는 항상 ~이렇습니다."

차이점은 바로 '우리는'과 '우리의'로 말(생각)을 시작하느냐, '그들은'이나 '그들의'로 시작하느냐이다. 이렇듯 많은 회사의 사원들이 자기중심적인 문화에 익숙해져 있는 것도 전혀 놀랄 일이 아니다. 아니 우리 사회 전체가 이런 문화에 물들어 있다 해도 놀랄 일이 아니다. 좋은 뉴스기사만으로, 또는 좋은 뉴스만 갖고 텔레비전 뉴스를 진행한다는 게 가능할까? 그러면 과연 구독자 수와 시청률이 오를까? 신문사 주변에는 오래 전부터 이런 이야기가 회자된다. "피를 흘려야 팔린다."


우리는 이렇게 미래에 할 수 있는 일이 무엇인지를 알려고 하기보다, 무엇을 조심하고 피해야 할지를 아는 데 더 익숙해져 있다. 대통령을 뽑을 때에도 누가 우리를 더 잘 보호해 줄 사람이냐를 고려하지, 나라의 미래를 위해 누가 더 적합한 후보인지를 고려하지 않는다. 우리를 악에서 구원해 줄 사람만이 대통령의 자격을 갖춘

게 아닐까?

이제는 우리 자신이 속한 팀의 행복과 성공을 위해서 그런 사고 방식에서 완전히 탈피해야 한다. 사회나 세상이 변하기만을 마냥 기다려서는 안 된다. 주변에 있는 모든 사람들이 큰 성공을 거둘 수 있는 가능성을 갖고 있다는 사실을 믿어야 한다. 또한 잘못된 것을 찾으려 하기보다는 미래에 할 수 있는 일이 무엇인지를 찾아야 한다.

> 성공적인 비즈니스를 위한 마법의 공식은 고객을 손님처럼 대하고,
>
> 직원을 사람으로 대하는 것이다.
>
> ─ 톰 피터스 Tom Peters ─

당신의 모든 생각들을 살펴보아라. 잘못된 신뢰의 대상에서 올바른 신뢰의 체계로 전환할 수 있는 기회가 될 것이다. 좋은 생각들을 선택하라. 긍정적인 생각은 우리의 삶을 풍요롭게 해 준다. 또 팀원들과 함께 우리가 갖고 있는 내면의 자아를 발견하고 효과적인 커뮤니케이션을 할 수 있게 도울 것이다. '이 사람이 나에게 해를 끼치려 하는 건 아닐까?'라는 의문이나 '이 사람이 내 자리나 내 기술들을 빼앗으려 하는 건 아닐까?'라는 생각들은 지워라.

당신은 지금까지 관리자로서 어떤 사람이 되어야 하는지에 대

해서만 관심을 가져 왔다. 지금부터는 어떤 사람이 될 수 있는지로 관심사를 옮겨라. 그것이 바로 시작이다.

두려움과 절망 때문에 당신 자신의 모습을 감추려 히는 긴 옳지 않다. 안타깝게도 너무 많은 사람들이 그렇게 살아가고 있다. 그런 삶은 결코 자연스러운 삶이 아니며, 평화롭고 안정적인 삶을 살아갈 수도 없다.

신체에 문제가 생기면, 정신적인 문제보다는 훨씬 더 빨리 치유할 수 있다. 단지 몸에 육체적인 고통이 생기면 곧바로 몸에 문제가 있다는 사실을 깨닫고 즉시 조치를 취한다. 우리가 받는 영양주사, 세라피, 수술과 같은 것들을 통해 우리는 신체의 문제들을 해결하고 리듬을 되찾는다. 반면 정신적이거나 영적인 고통을 받게 되면 사람들은 그 원인을 남에게 돌린다. 세상 밖에 고쳐할 것들이 무수히 많다고 생각하면서도 정작 자기 자신에 대해 반성하거나 성찰하지 않는다.

외부의 세계는 우리의 내면을 반영한다. 결국은 우리가 우리 자신을 쫓아가고 있는 것이다. 이를 계속 되풀이하고 싶은가? 그렇다면 계속 당신 자신을 쫓아가라. 무간섭형 관리자는 더 이상 자기 자신을 쫓아가지 않는다.

- 지난 주에 발생한 일들 중에 '일어나지 않았더라면 좋았을 걸'이라고 생각한 사건을 세 가지만 적어 보라.

- 각 사건들 아래에 '과정의 전환'라고 적어 보라. 그리고 우리가 흔히 부정적인 일로 분류하는 사건들을 더 좋은 결과로 반전시킬 수 있는 방법들을 적어 보라. 발생한 사건들을 어떻게 기회의 도구로 활용할 수 있을까? 이를 통해 배울 수 있는 교훈은 무엇일까? 무엇을 보여주기 위해 이런 사건들이 일어났을까? 이런 질문에 대해 대답해 보라.

- 팀원들에게 발생한 변화를 그들에게 알리기 전에 혼자서 이 문제를 생각해 보는 시간을 가져라. 모든 변화는 더 나은 것을 위한 성장의 발판이다. 그것이 삶의 본질이다. 이런 교훈을 발견하는 데 당신을 방해하는 것은 무엇인가? 변화를 통해 당신이 팀원들과 함께 더 좋은 점을 발견하고 열정적으로 일할 수 있도록 당신이 해야 할 임무는 무엇이 있을까?

제9장

# 내면의 재능을 발견하여
# 세상에 드러내라

조화는 결코 감정이 아니다. 그것은 육체적 과정이다.

ㅡ 롤린 맥크래티 박사 Dr. Rollin McCraty ㅡ

내면에 있는 자신의 참 모습과 일치하는 것을 찾을 수 있도록 돕는 게 하나 있다. 바로 우리의 근육이 생각과 감정에 따라 어떻게 반응하는지에 관해 쓴 책이다. 그 책에 따르면 몸은 생각에 영향을 받아 약해질 수도 있고 강해질 수도 있다고 한다(데이비드 호킨스David Hawkins의 《의식혁명》 참고). 듀웨인은 호흡이 생명을 유지하고 삶을 살아가는 데 얼마나 중요한지를 누차 강조했다. 그런데 대부분의 사람들은 호흡을 단지 살기 위해 매일 반복하는 하나의 습관이자 당연한 행위로만 여긴다. 이것이 성공적인 삶을 위한 일련의 과정이라고는 생각하지 않는다.

우리는 내면과 일치하지 않는 일들은 금방 알아챌 수 있다. 왜냐하면 이런 불일치는 우리에게 신체적인 자극을 통해 신호를 보내오기 때문이다. 어떨 때는 소화불량의 모습으로 다가오기도 하고 어떨 때에는 극심한 피로를 느끼기도 한다. 이런 신호가 있을 때마

내면의 재능을 발견하여 세상에 드러내라

다 우리는 이 문제들을 해결하려고 즉시 조치를 취한다. 그런데 우리는 이런 신호들이 우리의 내면과 일치하지 않아서 나타난다는 사실을 잘 인식하지 못한다. 정신없이 돌아가는 바쁜 삶에 치여 잘못된 선택 하나하나가 우리의 삶에 얼마나 큰 영향을 미치는지에 대해 생각해 볼 여유가 없기 때문이다. 우리는 왜 인생을 살면서 실망감과 슬픔을 느끼는 것일까? 또 넘치는 자유와 기쁨, 평안을 누리고 살 수 있는 이유는 무엇일까? 주변 사람들과의 관계에서 감사하는 마음을 갖고 살아가는가? 아니면 그런 관계들이 불편하다고 느껴지는가?

많은 사람들은 다른 사람과 좋은 관계를 유지하고 있을 때 편안함을 느낀다. 우리의 감정은 그다지 합리적인 편이 아니다. 다른 사람들의 말과 외모에 쉽게 이끌리기 때문이다. 사람을 처음 만났을 때 좋은 인상을 주기도 하고 거부감을 주기도 한다. 우리는 다른 사람과 함께 있을 때 느끼는 편안함을 통해 그 사람과 통하는지 아닌지를 가늠할 수 있다.

> 세상에 감성이 반영되지 않은 지식은 없다. 사실을 아는 것은 쉬우나,
> 이 사실에서 느껴지는 힘을 감지하기 전에는 이 정보들을 우리의 것으로 소화시킬 수 없다.
> 두뇌에 저장되는 지식에는 늘 감성적 경험이 더해져야 하기 때문이다.
>
> − 아놀드 베넷 Arnold Bennett −

당신의 삶에 성공을 위한 활력소가 필요하다면, 진정한 마음의 평화와 만족감과 기쁨을 누리기 원한다면, 당신은 무엇보다도 내면의 참 모습이 자신의 삶과 일치되도록 노력해야 한다. 그렇게 하려면 내면의 참 모습을 찾기 위해 자기 자신을 훈련해야 한다. 우선은 당신에 있어서 최고가 무엇인지를 찾는 게 중요하다. 이는 신체의 건강을 위해 좋은 음식을 먹거나 운동하는 것보다 더 중요하다. 맑은 공기를 마시는 것보다 더 몸에 좋은 일이다. 우리의 진정한 모습을 발견할 수 있어야 참된 의미의 성공을 불러올 수 있다.

그럼에도 불구하고 우리는 너무 쉽게 내면의 삶을 무시하는 경향이 있다. 내면과 외부의 세계가 일치될 때 우리는 삶에서 무엇을 얻을 수 있을까? 성공을 위해 잠재력을 발휘할 수 있게 하는 생각은 무엇일까? 어떤 생각을 해야 삶에서 진정한 평화와 만족과 기쁨을 얻을 수 있을까? 이런 질문에 대한 해답을 찾고 싶다면 가장 먼저 내면에 있는 자신의 모습과 삶을 일치시켜야 한다.

## 내면을 통해 외부를 바라보는 관점

또한 당신은 성공이 불가능하다는 생각을 버려야 한다. 당신을 화나게 하고, 슬프게 하고, 두렵게 하고, 실망하게 하는 모든 부정적인 생각들을 버려야 한다. 그런 생각들은 두려움만을 키워줄 뿐이다. 그런 생각을 하는 대신에 문제를 긍정적으로 풀어갈 수 있는 방법들을 생각해야 한다. 다른 사람들이 하는 말을 심각하게 받아들일 필요도 없다. 그들이 하는 부정적인 말을 믿는다면 당신은 성공에서 점점 멀어질 수밖에 없다.

아무리 열심히 일을 해도 일을 통해 만족감을 얻을 수 없다면 다른 부서나 다른 역할을 배정 받는 것도 방법이 될 수 있다. 그러나 사람들은 변화를 두려워한다. 무엇이 그렇게 두려운 것일까? 언제까지 겁에 질린 채로 자리만 지키고 있을 건가? 부정적인 생각과 두려움은 변화의 가능성을 짓밟아 버린다. 앞 장에서 '뒤집기'라는 단어의 중요성에 대해 설명했었다. 삶에 대한 접근방식을 바꿀수만 있다면 우리의 생각대로 변화를 이끌어낼 수 있다. 진정한 변화는 거기서 시작된다. 그리고 지금까지 당신이 두려워했던 대상들은 곧 기대의 대상으로 바뀌게 될 것이다.

변화에 유연한 사람은 직업을 포함한 모든 것을 바꿀 수 있는 준비된 사람이다. 또한 이전에는 외부에서 내면을 바라보는 관점에 익숙했다면, 이제는 내면을 통해 외부를 바라보는 식으로 관점을 바꾼다는 의미도 있다. 당신은 그런 관점의 변화를 통해 자신이 속할 곳이 어디인지를 알 수 있게 된다. 자신이 있어야 할 곳에 있게 되면 삶은 더 풍요로워질 수 있다는 것을 깨닫게 될 것이다.

이렇게 살아갈 수 있다면 우리는 더 이상 이루고 싶었고 도달하고 싶었던 목표에 연연해 할 필요가 없어진다. 또한 우리는 삶의 전체를 바라볼 수 있는 넓은 시각도 얻을 수 있다. 이런 시각은 옳거나 그른 것이 아니라 나에게 맞고 안 맞는 것을 확인할 수 있게 도와준다. 즉 우리 내면의 모습과 삶이 일치하는지 아닌지를 지적해 주는 반면교사의 역할을 하게 되는 것이다. '앗, 이건 내 모습이 아니야. 내가 이걸 선택하면 결코 만족하거나 기쁨을 누리지 못할 거야. 그러면 내가 원하는 성공과도 멀어지겠지.' 이런 방식으로 당신만의 길을 찾아 나아갈 수 있게 된다.

우리는 삶의 목적을 발견하기 위해 많은 이야기를 듣거나 또 많은 책들을 읽는다. 어떤 사람들은 삶의 목적이나 비전을 선생이 되거나 예술가 또는 목사가 되는 것이라고 말하기도 한다. 그것도 틀린 것은 아니다. 이런 직업에도 목적과 사명감은 있기 때문이다. 그러나 내가 말하고 싶은 바는 그 이상의 것을 의미한다.

## 내면의 재능을 발견하여 세상에 드러내는 법

모든 직업과 소명의식은 삶의 목적과 나란히 가야 한다. 그래야 우리 자신을 제대로 표현할 수 있다. 당신의 가장 큰 목표는 자신의 잠재력을 최대한 드러낼 수 있는 것이어야 한다. 당장 얻을 수 있는 작은 목표가 아니라 영원한 것을 위해 자신만의 세계를 찾는 것이 목적이 되어야 한다. 우리의 또 다른 목적은 내면의 재능을 발견하여 세상에 드러내는 법을 배우는 일이다. 이것은 성공의 기본인 동시에 삶을 통해 배울 수 있는 매우 심오한 진리이다. 그리고 이것이 바로 삶의 목적이 되어야 한다.

잠시라도 돈 걱정을 안 하고 살 수 있다면 얼마나 좋을까? 또 필요한 것에 대해 걱정하지 않고 살아갈 수 있다면 얼마나 좋을까? 하고 싶은 일을 하기 위해 오늘 하루 직장에 출근하지 않아도 된다면? 이런 것들이 가능하다면 우리는 어떤 모습으로 삶을 살아가게 될까? 이것이 바로 연습의 시작이다.

자신에 대한 본연의 모습을 발견할 수만 있다면 우리는 기대하거나 상상하는 것 이상의 것을 얻을 수도 있다. 목적을 발견하는 일은 나 자신에 대한 이해의 깊이를 넓혀가는 것이기도 하다. 그런데 그와 같은 목적은 침묵과 고독 속에서 발견할 수 있다. 삶의 목적을 발견하겠다고 수십 권의 책을 읽어 봐라, 삶의 목적을 찾을 수 있는지. 당신의 목적은 이미 당신 안에 존재하는 당신의 참 모습을 찾아내어, 그 모습으로 삶을 살아가는 것이다.

목적을 찾는다는 것은 의외로 간단하다. 당신의 내면에서 비롯되는 가장 최고의 모습을 세상에 드러내기만 하면 되기 때문이다. 그것이 바로 당신의 삶의 목적이며 모든 사람들의 목적이다. 예외란 없다. 그저 당신의 목적대로 당신의 진정한 자아를 발견하여 즐거운 삶을 누리고, 남에게 베풀며 가르치고, 새로운 것을 창조하는 것이 바로 성공적인 삶인 것이다.

로버트 드니로는 '분노의 주먹Raging Bull'이란 영화에서 권투선수인 록키 그라치아노의 역을 맡았다. 그래서 그는 곧 권투선수가 되었다. 그 사람에 대해 연구했고 그 사람과 비슷하게 보이려고 체중을 불렸다. 그는 정말로 그라치아노처럼 자신을 만들었다. 이렇게 노력한다면 이미 죽은 사람이 살아난 것처럼 될 수도 있는데, 하물며 우리가 우리 자신이 될 수 없는 이유가 뭐 있겠는가?

1980년 대 중반, 나는 내 삶이 멈춰버렸다는 생각을 한 적이 있었다. 그때 당시 나는 내 삶의 횡단보도 앞에 서 있었다. 어떤 직업을 갖고 살아야 할지 한동안을 고민하면서 내 자신에게 이런 질문을 던졌다. "내 인생에서 가장 행복했던 순간은 언제였을까?" 그 순간 나는 많은 사람들 앞에서 연설하던 때를 떠올렸다. 그 순간만큼은 시간이 흘렀다는 사실도 잊은 채 내 앞에 앉아 있는 사람들과 교감하며 최고의 행복을 느꼈다. 그래서 나는 결정했다. '좋아. 대중 연설가가 될 거야. 세미나를 열고 내 이야기를 사람들에게 전해야겠어.'

## 내면의 모습과 현재의 삶을 일치시켜라

듀웨인에게 이런 이야기를 해주자 그는 이렇게 화답해 주었다. "당신이 성공할 수 있었던 이유는 당신의 참 모습을 일찍 발견할 수 있었기 때문이죠." 우리는 어떤 사람이 되어야 하기 때문에 태어난 것이 아니다. 그러니 굳이 전쟁 속에나 나오는 영웅이 되려고 애쓸 필요가 없다. 내가 가진 참 모습을 갖고 사람들 앞에 나서야만 그들과 교감할 수 있다. 나는 나의 문제들에 민망해하지 않고 솔직하게 털어놓는다. 왜냐하면 사람들은 내면의 솔직함에 이끌리기 때문이다. 또 사람들은 다른 사람이 가진 문제와 삶들을 함께 공유하고 공감하기를 좋아한다. 우리가 마치 전쟁 영웅처럼 자신에 대해 이야기하거나, 단 한 번의 실수나 실패도 없이 완벽한 인생을 살아왔다고 선전한다면 사람들이 과연 당신과 교감할 수 있을까. 다른 사람과의 교감은 우리의 참 모습을 볼 수 있도록 해주는 열쇠와도 같다. 또한 자신의 진정한 모습을 발견함으로써 우리 자신과도 교감할 수 있다.

정말로 좋아하는 일을 할 때는 오랫동안 지치지 않고서도 일할 수 있다. 반면 정말 하고 싶지 않은 일을 할 때는 단 몇 분 만에도 금세 피곤해진다. 이는 우리가 왜 내면의 모습과 우리의 삶을 일치시켜야 하는지를 선명하게 확인시켜 주는 단적인 예이다. 그런 이유 때문에 진정으로 자기 자신과 일치하고 즐길 수 있는 일을 할 때 성공에 대한 잠재력과 활력을 얻을 수 있는 것이다. 우리가 제일 먼저 해야 할 일은 내면의 모습을 발견하는 것이다.

당신은 자신이 가장 잘 할 수 있는 것을 어떻게 찾아야 할지 몰라 고민하고 있을 것이다. 그러나 고민할 필요가 없다. 우리가 해야 할 일은 그저 앉아서 듣고 배우는 것뿐이다. 다른 사람이 하는 말을 집중해서 듣는 것이다. 그리고 당신이 처해 있는 주변 환경들을 살펴보라. 우리 주변에 있는 수많은 것들이 우리에게 그 해답을 알려주고 있기 때문이다. 우리가 단지 인식을 못할 뿐이지 이런 신호는 항상 우리 주변에 존재한다. 세상은 우리에게 자신이 어떤 사람인지를 끊임없이 이야기해 준다. 세상은 분명히 우리에게 신호를 보내준다. 그게 바로 당신의 내면의 모습을 볼 수 있게 하는 거울인 것이다. 책의 한 구절을 읽고 영감을 받는다면 그건 세상이 당신에게 말하는 것이다. 바로 너 자신이라고 말이다.

제9장을 읽은 후 당신이 따라야 할 3가지 행동 단계 :

- 내면의 목소리에 귀를 기울이기 위해 잠시 동안이라도 혼자만의 시간을 가져보라. 눈을 감고 30초 동안 깊게 심호흡하는 것만으로도 충분하다.

- 모든 일을 옳고 그름으로 판단하지 마라. 내 자신과 일치되는지, 불일치하는지, 나에게 맞는 일인지 아닌지에 대한 관점으로 세상을 바라보라. 이런 관점에 비해 시비를 가리는 것은 매우 과격한 판단이다.

내면의 재능을 발견하여 세상에 드러내라

- 당신의 부정적인 생각을 알람 경보기로 활용해라. 그런 생각들이 어떻게 당신을 스트레스가 가득한 삶으로 이끌어가는지 끊임없이 질문을 던져 보아라. 그런 과정을 통해 우리는 일에 대한 스트레스를 크게 줄여 나갈 수 있다.

THE

# HANDS-OFF
# MANAGER

제10장

# 자기 자신을
# 있는 그대로 포용하라

직관이란 전체를 한 번에 명확히 이해하는 것을 의미한다.

– 요한 카스파 라바터 Johann Kaspar Lavater –

간섭형 관리자들은 잘 숨는다. 또 자기 자신을 잘 속인다. 실수도 많이 하고, 실패도 많이 겪는다. 그들은 문제 뒤에 숨어서 자신의 모습을 가장하고 변신한다. 또 문제에 대해 온갖 변명들로 둘러댄다. 알리바이의 장막 뒤에 자주 숨기도 한다. 이런 것들이 모두 간섭형 관리자들이 보여주는 특징들이다.

우리는 그동안 우리가 가진 잠재력을 이끌어내기는커녕 자신이 가진 진정한 모습마저도 감추려고 애쓰며 살아 왔다. 그래서 우리는 늘 원하면서도 진정한 자유에 다가갈 수 없었다.

이제는 그런 삶에서 방향을 틀기 위한 출발점에 서 있을 필요가 있다. 여기서 당신은 새로운 방향으로 과감히 전환할 수 있어야 한다. 당신이 갖고 있는 진정한 모습을 찾아가는 과정의 길을 선택해야 한다. 그러면 오래 전부터 당신의 내면에 존재하던 '지혜'가 당신 자신을 발견할 수 있도록 도울 것이다.

간섭형 관리자는 성공하는 방법을 배우려 하고 그렇게 되기 위해 노력한다. 그래서 자주 성공한 리더들을 찾아간다. 또 돈과 명성을 얻어야만 세상에서 성공하는 것이라고 여긴다. 하지만 이런 사고방식은 성장과 발전의 의미를 폭넓게 이해하는 데 방해만 할 뿐이다. 갈릴레오는 성공의 해답이 외부에 드러나는 지식이나 정보에는 담겨 있지 않다는 사실을 일찍부터 깨달았던 사람이다. 그래서 그는 이렇게 말했다. "다른 사람들에게 가르쳐 줄 수 있는 것은 아무것도 없어요. 단지 그 사람의 내면에 있는 참 모습을 발견할 수 있도록 도와줄 수 있을 뿐입니다."

이 갈릴레오의 말은 무간섭 관리원칙의 핵심이다.

우선은 마음을 깨끗이 비워보라. 그리고 부정적인 생각들이 들어올 때마다 자신의 의지로 충분히 그런 생각들을 제거할 수 있다고 믿어라. 그러면 당신은 자기 자신의 진정한 모습을 자유롭게 발견하게 될 것이다. 그와 동시에 세상에 기여할 수 있는 일들도 발견하게 될 것이다. 그러면 무슨 일들이 일어날까? 당신은 당신 자신을 활용할 수 있는 사람이 될 수 있다. 그리고 늘 끌어안고 살았던 모든 부담과 짐들로부터 해방되어 자유롭게 참된 자아의 모습을 찾아갈 수 있게 된다. 이는 우리가 내면의 소리에 귀를 기울일 수 있게 되었기 때문이다. 이렇게 할 수 있게 된 당신은 더 이상 세상의 말들에 관심을 갖지 않는다. 대신 내면의 아이디어를 활용할 수 있게 되고, 통찰력과 풍부함 영감을 활용할 수 있게 된다.

우리의 생각 속에 있었던 평생의 원한과 상처들을 치유하고, 자기합리화와 분노 그리고 실망의 모습들을 완전하게 제거하게 될 것이다. 잠재력을 방해하던 모든 부정적인 생각들이 사라지는 것이다. 그러면 당신은 더 이상 삶이 불공평하다거나, 불행의 희생자라거나, 일어나서는 안 될 일이라며 불평하거나, 책임을 회피하는 자리에 더 이상 서지 않을 것이다. 우리는 이 모든 부정적인 생각들을 머릿속에서 제거할 수 있다. 그렇게 되면 더 이상 부정적인 생각들이 감정을 통제하도록 내버려두지 않게 될 것이다. 그런 것들을 가볍게 웃고 넘길 수 있게 되었기 때문이다. 더 이상 그런 생각들이 사실이 아니라는 것을 깨달으면 그런 생각들을 신뢰하거나 집착을 가지지 않는다. 단지 더 깊은 내면으로 자신을 내던짐으로써 자신이 누구인지에 대해 더 듣고 더 알아가고 싶어질 뿐이다.

가장 중요한 가치는 바로 '직관'이다.

– 알베르트 아인슈타인 Albert Einstein –

## 성공이 자연스럽게 다가오는 비법

많은 사람들은 다른 사람들의 충고를 경청하지 않는다. 상대방이 진지하게 자신에 대한 충고를 해 주어도 한 귀로 듣고 한 귀로 흘려버린다. 우리는 이런 습관을 고칠 필요가 있다. 당신이 더 빠르게 성장하려면 세상이 당신에게 말하는 것들을 더 많이 듣고, 자기 자신에게 좀 더 솔직해야 한다. 이런 과정을 통해 당신은 어느새 더 높은 위치에 올라가 있을 것이다. 자신의 머릿속에 있는 모든 생각들을 다른 사람과 공유하려고 노력할 필요는 없다. 당신 자신부터 출발하면 된다. 굳이 다른 사람을 고쳐보려고 노력할 필요도 없다. 우리는 그 단계를 뛰어넘어, 사람들과 우리 자신을 있는 그대로 받아들일 수 있어야 한다. 다른 사람의 부족함이나 실수에 대해 판단하지 말고 있는 그대로를 받아들이는 경지에 오르려면 그런 과정이 절대적으로 필요하다. 아니, 정말 높은 단계에 오른다면 우리는 다른 사람들이 가진 문제를 더 이상 문제라고 인식하지 않게 된다. 그러면 주변에서 발생하는 모든 일들이 당신의 삶을 더 향상시키고 성공으로 이끌어 줄 발판으로 보일 것이다.

이렇게 변한 당신을 보고 사람들은 하나 둘씩 칭찬하기 시작할 것이다. 사람들은 느낄 수 있다. 자기 자신을 있는 그대로 포용할 줄 아는 당신의 깊은 리더십 안에 들어 와 있다는 사실을 말이다. 당신을 결코 무시하지 않으며, 예전처럼 더 이상 두려워하지도 않은 이상적인 리더로 바라보게 될 것이다.

이제 이런 과정을 통해 당신은 내면의 직관적인 통찰력을 활용할 수 있게 된다. 일단 당신이 이 단계에 오르게 되면 항상 머릿속을 떠나지 않던 모든 비판적인 반응들에 고민하지 않게 된다. 매번 당신의 상사가 보내온 짜증 섞인 이메일들에 대해 어떻게 방어하고 변명해야 할지 고민할 필요도 없게 된다.

정신적인 상처에 반창고를 덧붙일 필요는 없는 것이다. 당신을 화나게 만드는 사람들에게 어떻게 앙갚음을 할 수 있을지 고민하면서 그들에게 똑같이 상처를 주는 일도 멈출 수 있다. 이제 우리는 그런 것들이 쓸데없는 시간낭비라는 걸 잘 알고 있다. 그래서 다른 사람들의 어떤 행동도 더 이상 당신의 눈에 거슬리지 않는다. 일일이 다른 사람의 행동에 반응할 때, 오히려 스트레스를 받을 뿐이다. 따라서 그런 생각이나 감정들이 떠오를 때마다 쓸데없는 생각이라며 가볍게 웃고 넘길 수 있게 된다.

그 대신, 당신의 관심은 자신이 가진 잠재력을 깨달아 진정한 자아를 찾는 것에 집중될 것이다. 우리는 이런 잠재력이 미래의 외부 세계에 있는 것이 아니라 바로 내면의 세계에 존재하고 있다는 사실을 안다. 당신의 잠재력을 발견하기 위해 다른 곳으로 갈 필요가 없다. 지금 당신 안에서 그것을 느끼기만 하면 되는 것이다. 마치 심장이 박동하는 것을 느끼는 것처럼 말이다.


당신이 무간섭 원칙에 기반하여 삶을 살아간다면, 세상도 당신에게 다르게 반응하게 될 것이다. 이는 너무나 당연한 결과이다. 왜냐하면 당신은 모든 가능성에 대해 문을 활짝 열었기 때문이다. 누군가로 인해 부정적인 생각들이 떠오를 때마다 그 사람에게 전화를 걸거나 이메일을 보내라. 그리고는 이렇게 말해 보아라. "지난 번에는 제가 당신에게 너무 무례했던 것 같아요. 정말로 죄송합니다."

이게 바로 성공에 집착하는 삶이 아닌, 성공이 당신에게 자연스럽게 다가오도록 하는 방법이다.

### 제10장을 읽은 후 당신이 따라야 할 3가지 행동 단계 :

- 오늘 하루 당신의 기분을 상하게 만든 사람들의 이름과 그 이유를 노트에 적어라. 그리고 당신이 마치 그 사람의 변호사라도 되는 양 그를 위해 변호해 보라. 당신이 적어 놓았던 내용이 실제로 있었던 일인가? 대부분은 아닐 것이다. 설사 그것이 사실이라 할지라도 당신이 이렇게까지 화를 내고 분노할 만한 일이 아닐 가능성이 높다. 그렇지 않은가?

- 그런 후에 전화를 걸고 그를 만나라. 마음을 열고 그 사람과 함께 진지한 대화를 할 수 있도록 노력해 보라. 그래서 지금 현재 그 사람이 어떤 상황에 처해 있는지 이해할 수 있는 시간을 가져라. 그리고 그 사람의 삶을 위해 당신이 도울 수 있는 것이 무엇인지 물어보라.

- 그를 만나기 전에 당신이 마음속에 담고 있던 앙금들이 아직 남아 있는지 생각해 보아라. 아직도 그 사람이 싫고 멀리하고 싶은가? 남아 있는 그 모든 생각들은 당신을 사람들과 긍정적인 삶에서 멀어지게 하는 것들임을 기억하라.

제11장

# 사람에 대한
# 판단을 멈춰라

다른 사람을 판단한다면 당신은 그들을 사랑할 시간을 잃게 된다.

— 마더 테레사 Mother Teresa —

도그는 뛰어난 세일즈맨이었다. 하루는 그가 거액의 거래를 놓치고 돌아왔다. 그의 임무는 다른 기업을 상대로 직원교육 프로그램을 파는 일이었다. 그런데 그가 거래하던 한 회사가 다른 회사에 인수될 위기에 처하게 되었다. 이로 인해 판매의 기회를 잃은 도그는 매우 난처해하고 있었다. 그래도 다행히 그의 상사인 토니는 나에게 무간섭 관리원칙을 배운 사람이었다. 토니는 한동안 아무 말도 안 하고 그가 하는 이야기를 들어주었다. 그의 지치고 피곤한 얼굴에 대고 아무런 부정적인 말도 하지 않았다. 그가 이번 계약을 성사시키지 못한 것에 대해 절망스럽다는 말로 이야기를 끝냈을 때 토니는 웃으며 이렇게 말했다.

"잘 했어요, 도그. 듣고 보니 그렇게 나쁜 소식도 아니네요."
"네? 나쁜 소식이 아니라니요? 우린 지금 70만 달러짜리의 계약을 놓친 거라고요."

"알아요, 하지만 그건 발생할 수밖에 없었던 과거의 일에 불과해요."

"과거의 일에 불과하다고요? 우리가 이번 계약을 놓쳐서 손해 본 게 얼만데. 이젠 정말 지쳐서 말도 잘 안 나오는군요."

그런 도그에게 토니는 계속해서 다음과 같은 말을 이어나갔다. "너무 복잡하게 생각하지 말고 이 일을 어떻게 하면 전화위복의 기회로 전환시킬 수 있을지를 함께 생각해 보자고요. 분명 이 일을 잘 해결할 수 있을 만한 방법들이 있을 겁니다. 우리 함께 고민해 보도록 해요."

도그는 여전히 푸념했다. "그들은 이미 회사를 팔기 위해 협상하는 단계까지 와 있어요. 그런데 우리가 어떻게 그들과 더 거래를 할 수 있겠어요. 그 회사는 더 이상 그 사람들의 것이 아니라고요. 우리에게 사인해 줄 수표조차 없을 겁니다."

"그래요? 듣던 중 반가운 소식이네요!" 하고 토니가 말했다.

"네? 뭐라고요?"

"그들에게 우리가 그 회사의 사원들을 교육해 보겠다고 말하세요. 우리가 제공하는 교육 프로그램은 지금껏 그래 왔던 것처럼 금방 가시적인 변화와 성과들을 만들어낼 겁니다. 그러면 그들은 더 높은 가격에 회사를 팔 수 있을 겁니다."

도그는 아무 말도 하지 않았으나, 표정은 이 말에 조금씩 흥미를 보이는 얼굴이었다. 그의 상사인 토니는 계속해서 말을 이어갔다. "그들은 이제 막 두 달 간의 예비훈련 과정을 끝냈지요? 그리고 교육을 통해 직원들이 많이 성장했었죠? 분명 우리 회사의 다음 교육 과정이 직원들을 변화시킬 수 있다는 걸 알고 있을 겁니다. 그렇다면 그들에게는 여전히 우리 교육 프로그램을 구입할 의향이 남아있겠죠?"

"적어도 회사가 팔리기 전까진 그렇겠죠."

"그래요. 그러니까 그들에게 가서 집중 교육과정에 투자하라고 설득해 보세요. 이 프로그램으로 인해 회사의 생산성이 올라가면 분명 인수자들은 회사의 가치가 오른다는 것을 알게 될 겁니다. 그 결과 더 높은 가격에 회사를 인수하겠다고 제안하면 이는 모두에게 좋은 결과가 될 겁니다. 그렇죠?"

## 부정적인 말을 하지 않는 무간섭형 관리자

도그의 표정은 어느덧 밝아졌다. 그는 이렇게 이야기해 준 토니에게 매우 감사해 했고, 새로운 협상 준비를 위해 즉시 방을 나갔다. 이 이야기는 결국 해피엔딩으로 끝났다. 그 회사는 협상카드로 이용하기 위해 훈련 프로그램을 구매했다. 더 나아가 그 회사를 팔지 않기로 결정했다. 이 교육을 통해 직원들이 크게 성장했고, 이를 본 주주들이 회사를 좀 더 성장시켜야겠다는 열정과 의지를 회복할 수 있게 되었기 때문이다. 만일 도그의 상사인 토니가 계약이 무효화 된 사건을 두고 그에게 비판을 가하고 비난했다면 도그는 오랫동안 실패의 상처에서 회복하기 어려웠을 것이다. 토니는 특별한 사람이었다. 실제로 무간섭주의 원칙을 활용할 수 있는 관리자는 백만 명 중의 한 명에 불과하다. 그 밖의 수많은 사원들은 아직도 간섭형 관리자 밑에서 일하고 있다. 이런 상사들의 습관적인 판단 덕분에 수많은 사람들이 오늘도 스트레스 속에서 직장을 지키고 있는 것이다.

대부분의 관리자들이 공통적으로 갖고 있는 문제는 발생한 사건들에 대해 화부터 내고 본다는 것이다. 사람들은 그들의 표정과 목소리 그리고 이메일에 드러나는 말투로 그들의 감정을 감지할 수 있다. 그러나 그들을 정말로 화나게 만드는 일은 일어난 문제에 대해 자기중심적으로 판단하려는 생각 때문이다. 우리를 실제로 짜증나게 하는 것은 아무것도 없다. 다만 일어난 일에 대해 우리가 판단함으로써 우리는 화를 내는 것이다. 우리는 항상 이런 생각을 하고 산다. '말도 안 돼. 어떻게 그런 일이 있을 수 있지?' 그러나 우리는 결코 이런 생각과 판단이 우리를 화나게 만드는 근본적인 원인임을 깨닫지 못한다.

우리가 불만족, 분노, 스트레스, 비난 등과 같은 비생산적인 감정들로 해방되기 위해서는 무엇보다도 마음을 열고, 주변의 문제들을 자연스럽게 흘려버리고, 무엇인가를 이루어내야 한다는 강박관념에서 벗어나야 한다. 자신도 모르게 마음에서 울컥 올라오는 판단을 없앨 수 있는 능력은 무간섭형 관리자가 되기 위한 중요한 전제조건이다. 이는 매일 매일의 노력을 요구한다. 그렇지만 충분히 노력할 만한 가치 있는 일이다.

> 내 경험에 비춰 보건대,
>
> **행복하지 않은 일을 할 때 우리는 결코 창의적인 일을 해낼 수가 없다.**
>
> — 알버트 아인슈타인 Albert Einstein —

오랜 시간을 두고 부정적인 생각들을 제거하기 위해 노력한다면 당신은 진정한 마음의 평화와 안식을 누릴 수 있다. 또한 어떤 문제에 직면하더라도 당황하지 않고 부드럽게 문제를 다루는 능력까지 얻을 수 있다. 그렇다고 해서 무조건적으로 받아들이기만 하라는 소리가 아니다. 평가나 판단도 때때로는 필요하다. 하지만 그것은 사사로운 감정 없이 이루어져야 한다. 부하 직원들의 수행 결과에 대해 실망하거나 화를 내지 않고, 감정을 잘 조절하면서 결과에 대해서만 전문적으로 평가할 수 있어야 한다.

## 판단을 버리면 스트레스에서 해방될 수 있다

그 차이를 아는 것도 매우 중요하다. 최근 어느 회사의 CEO로

사람에 대한 판단을 멈춰라

근무하고 있는 한 친구가 그녀의 아들 문제를 놓고 고민하고 있었다. 그녀는 자신이 가진 문제가 모두 아들 때문이라고 생각하고 있었다. 하지만 실제로 그녀의 문제는 아들에게서부터 생겨난 것이 아니었다. 바로 그녀가 문제에 대해 생각하던 판단 때문이었다. 그녀는 아들이 병에 걸림으로써 처한 재정적인 어려움들이 왜 하필 자신에게 일어났는지에 대해 수긍하기가 싫었다. 그녀에게 현실로 다가온 문제였지만 그녀는 그것을 잘못된 현실이라고만 생각했다. 그렇게 현실을 수용하지 못함으로써 그녀는 계속해서 스트레스를 받았다. 실제로 문제는 그녀의 아들이 아니었는데 말이다. 그 아들이 할 수 있는 것이라곤 아무것도 없었다. 그저 그 문제에 대해 부정적으로 판단하는 그녀의 생각을 고칠 수밖에는 다른 방도가 없었다. 그녀의 스트레스는 자신의 삶에서 당연히 일어날 수 있는 일이 아니라고 생각함으로써 생겨난 것이다. 그녀는 계속해서 현실을 직시하거나 수용하지 못하고 저항하고 판단하기만 했는데 이런 현실 도피는 그녀를 더욱 괴롭게 만들 뿐이었다.

우리가 이런 판단을 버릴 수만 있다면 즉시 스트레스로부터 해방될 수 있다. 스트레스에서 해방되면 우리는 신체적인 건강까지 되찾을 수 있다. 즉 많은 휴식을 필요로 하지 않더라도 쉽게 지치지 않게 되는 것이다. 삶에 여유가 생기면서 우리는 더 쉽고 자연스럽게 긍정적인 생각과 희망을 갖게 될 것이다. 다른 사람들이 던지는 당신에 대한 평가를 감사한 마음으로 받아들여라. 그것이 없었다면 오늘의 당신은 없었을 것이다. 만약 당신이 부하 직원이라면 어떤 상사를 원하겠는가? 미래를 기대하고 현재를 살아가는 사람? 아니면 항상 과거와 미래의 일들로 인해 스트레스를 받는 사람?

최근에 나는 다음과 같은 질문으로 젊은 IT노동자를 지도할 기회가 있었다.

"당신의 상사는 얼마나 스트레스를 받나요?"

"엄청나게 받습니다."

"그럼 그 스트레스를 어떻게 합니까?"

"우리 부하 직원들에게 스트레스를 터트려요!"

이렇게 상사의 스트레스를 몸으로 직접 감당하는 직원들이 어떻게 편안하고 행복한 마음으로 창의적이고 생산적인 결과를 만들어낼 수 있을까?

> 우리가 다른 사람에게 화를 내는 것은 그 사람 때문이 아니다.
>
> 사람들이나 문제에 대한 우리의 생각 때문에 화가 나는 것이다.
>
> – 칼 구스타브 융 Carl Gustav Jung –

무간섭형 관리자가 되면 당신은 달라질 수 있다. 당신은 무한한 가능성을 깨닫고 평화로운 현재의 삶을 즐길 수 있게 된다. 그리고 여유로운 삶을 겪어보고 더 이상 어딘가 잘못되었다는 생각을 버릴 수 있게 된다. 다소 여유롭게 산다고 해서 일이 잘못되어 가는 것은 아니다. 오히려 더 자연스럽게 긍정적인 결과들을 만들어낼 수 있다. 아직 일어나지도 않은 일에 대해 부정적으로 생각하고 지레 겁을 먹지 마라. 그저 스트레스만 더 쌓일 뿐이다.

부정적으로 판단하려는 순간마다 직면하는 도전은 결코 당신의 성장에 도움을 주지 못한다. 나쁜 생각들은 일을 더 꼬이게 만들 뿐이다. 당신은 큰 그림을 보기 위해 충분히 거리를 두어야만 새로운 측면을 볼 수 있게 될 것이다. 브랜트가 한 말이다. "내가 이혼했을 당시 이혼은 내 인생에서 일어날 수 있는 가장 최악의 사건이라고 생각했어요. 그런데 이제 와 보니 이혼은 내 인생에서 최고의 일이었더라고요."

우리에게 일어나는 모든 나쁜 일들은 우리를 더 성장시키고 성숙하게 만들어준다. 이런 문제들을 통해 우리는 마음을 열 수 있게 된다. 일이 나빠지면 얼마나 나빠지겠는가? 단지 우리는 판단하는 것만 멈추면 된다. 지금의 말은 절대로 소극적인 태도를 가지라는 뜻이 아니다. 오히려 소극적이라는 말의 반대말이다. 성공에 대한 적극적인 자세이기도 하다. 외부에서 발생하는 스트레스와 충돌에서 해방되기 위한 적극적인 노력인 것이다. 또한 행동할 수 있도록 마음의 준비를 하는 길이며 동시에 행동의 길이다. 상상만 할 때는 우리가 수동적으로 될 수 있지만 그것을 삶에 적용하는 순간, 우리는 능동적인 사람이 된다.

## 자신과 다른 사람을 판단하지 말라

대부분의 직장인들은 하루 종일 자신들의 상사와 업무에 시달리는 피곤한 삶을 살아간다. 그들의 하루는 롤러코스트처럼 기대와 실망의 연속이다. 이런 사람들에게 일할 수 있는 에너지가 얼마나 남아 있겠는가? 함께 협력해서 조화를 이뤄 더 좋은 결과를 만들어낼 만한 힘이 얼마나 남아 있겠는가? 거의 없다고 보면 된다. 스트레스는 사람들의 에너지를 모두 빨아들이기 때문이다. 그러한 상황을 이해한다면 부하 직원들을 섣불리 판단하지 마라. 그래야 어떤 상황에 처하든 창의적으로 대처할 수 있는 힘을 아껴둘 수 있는 것이다. 지금까지 해 온 방법대로 사람들을 통제하고 감시하지 마라. 그것이 아니더라도 사람들을 관리할 수 있는 더 좋은 방법들은 얼마든지 있다. 함께 스트레스를 받으며 일하지 말고 함께 협력하여 변화를 이끌어낼 수 있는 방법으로 유도해라.

단지 오늘 하루만을 위해 세상 밖에 있는 문제들을 고치려고 애를 쓰지도 마라. 그저 자신의 내면의 모습을 세상 밖으로 드러낼 수 있도록 집중해라. 다른 사람들과 자신을 판단하지 말고 그저 자유와 평온함 속에서 일을 즐길 수 있도록 해야 한다. 판단은 항상 우리의 마음에서 비롯된다. 그러니 판단이 사실인 것처럼 집착하는 버릇을 버리도록 노력해야 한다. 그것이 바로 스트레스를 날려버릴 수 있는 최상의 방법이다. 삶에서 무슨 일이 일어나는지가 중요한 것은 아니다. 일어난 일에 대해 우리가 '어떻게' 해석하며 살아가는지가 더 중요하다. 우리는 사람들에게 안부를 물을 때마다 "어떻게 지냈어요? 별 일 없어요?"라고 묻는다. 그러나 이렇게 묻는 것이 더 정확할 것이다. "며칠 전에 무슨 일이 있었다면서요? 그 일에 현명하게 생각하고 잘 대처하고 있나요?"

나쁜 일이 일어나면 안 된다고 가슴 졸이며 사는 것은 스트레스를 유발하는 가장 큰 원인이다. 일들은 이미 발생했다. 나쁜 일이 우리의 삶에서 일어났다는 게 단지 신의 실수였을까? 아니면 세상이 잘못 돌아가고 있는 것일까? 그렇지 않다고 생각한다. 우리가 좀 더 많은 걸 배우고 성장할 수 있도록 돕기 위한 예정된 일일 가능성이 훨씬 더 높다. 우리가 나쁜 일들에 대해 어떻게 생각하고 해석하느냐에 따라 스트레스를 늘릴 수도 있고 줄일 수도 있다. 비록 우리가 갖고 있는 문제들이 외부 세상에서는 용납되기 어려운 일들이라 할지라도 긍정적인 사고방식은 진정으로 마음의 평화와 자유로움을 줄 수 있다. 어떤 노래의 가사에는 이런 구절이 있다. "지구의 평화를 위해 개인의 평화와 안정을 먼저 찾아야 한다."

이같은 무간섭 사고방식은 당신에게 실질적인 이익을 가져다 줄 것이다. 부하 직원들이 이런 사고방식을 받아들이면 관리자와의 관계를 항상 편안하게 생각한다. 그 결과 부하 직원들은 상사를 더 믿고 따르게 된다. 이는 부하 직원들이 상사와 회사를 위해 자신들이 할 수 있는 일을 적극적으로 할 수 있도록 자세를 바꿔 줄 것이다. 이전에는 상사에게 인정을 받기 위해 자신을 희생했지만, 이제는 재능을 자유롭게 발휘하여 가장 자신다운 모습으로 일을 즐기게 될 것이다. 그러면 성공은 예정된 수순에 불과하게 된다. 또한 부하 직원들은 관리자가 더 이상 자신에 대해 판단하지 않는다는 사실을 알게 되면 자신의 생각을 상사와 공유하려 할 것이다. 더 좋은 결과들을 이끌어낼 수 있도록 생각을 열고 마음을 열어 자신의 생각들을 공유하려 할 것이다. 이런 효과는 당신이 관리자로서 부하 직원들의 재능을 향상시킬 수 있도록 돕는 과정을 만들어냈을 때에만 가능하다. 무간섭형 관리자는 부하 직원들의 성공을 위해 자신의 열정을 쏟아붓고 올바른 파트너십을 만들어내는 능력을 가진 사람이다. 자신을 판단하지 않는 상사에게 부하 직원들은 마음을 열고 그의 지도를 받아들임으로써 성공에 다가갈 수 있다.

> 방향을 제대로 설정하고 계획하지 않으면 잘못된 판단 때문에 일을 크게 그르칠 수도 있다.
>
> – 마크 트웨인 Mark Twain –

## 우정은 판단이 없기 때문에 위대한 것

당신의 가장 친한 친구들에 대해 생각해 보자. 친구들과의 우정을 유지하는 데 가장 필요한 것은 무엇일까? 바로 친구들에 대한 판단을 멈추는 것이다. 우리는 문제가 생길 때마다 친구를 찾아가 상담을 하곤 한다. 그러면 그들은 당신에게 와서 이렇게 말해 줄 것이다. "무슨 일이야? 솔직히 털어놔 봐. 도대체 무슨 일이 있었던 거야?" 당신이 어떤 문제를 갖고 있든 친구에게 솔직히 털어놓는다면 그들은 당신을 보고 빙긋 웃어 줄 것이다. 왜냐하면 친구들은 당신이 한 이야기에 대해 판단하지 않기 때문이다. 우정이란 판단이 없기 때문에 위대한 것이다.

판단을 피하면 우리 모두는 친구가 될 수 있다. 사람들은 자신에 대해 비판하지 않는 사람을 신뢰한다. 또 사람들은 비판을 당하지 않을 때, 자신의 문제를 좀 더 긍정적인 관점에서 바라볼 수 있게 된다. 심지어 일에 관련된 것뿐만 아니라 개인적인 문제도 마찬가지이다. 어쩌면 그들은 마약 중독과 같은 일까지도 터놓고 이야기할지 모른다. 당신이 마약을 해 본 경험이 전혀 없음에도 말이다. 당신은 그들이 문제들을 털어놓을 때마다 충고하거나 비난하기보다는 단지 조용히 들어주기만 하면 된다. 그것이 바로 우리가 해야 할 역할이다.

당신의 모습 그대로를 받아들일 수 있는 사람이 최고의 친구이다. 그들은 어떤 일이 있더라도 당신이 하는 이야기를 들어주고 받아들일 것이다. 그리고 이렇게 말할 것이다. "걱정 마. 친구 좋다는 게 뭐냐. 내가 도와 줄게. 내가 도울 수 있는 일들을 말해 봐!"

- 회의 도중에 어떤 직원이 좋지 않은 소식을 전해 온다면 일단 회의를 잠시 멈춰라. 그리고 그 주제를 화이트보드 위에 천천히 적어가며 회의 속도를 잠시 늦추면서 생각할 시간을 가져보는 것이 좋다.

- 생각이 어느 정도 정리되면 사람들을 다시 불러 모아 이 문제가 갖고 있는 좋은 점에 대해 토론하는 시간을 가져라.

- 그리고 방 안에 있는 사람들을 바라보며 이 소식이 어떻게 전화위복이 될 수 있는지에 대한 아이디어를 궁리해 보아라. 이런 과정에는 충분한 시간이 필요하다. 그리고 이런 과정을 통해 우리는 직원들과 문제들에 대한 비판 없이 문제들을 해결할 수 있는 긍정적이고 창의적인 방법들을 찾아낼 수 있을 것이다. 그 문제가 얼마나 심각한 일이든 간에 말이다.

THE
HANDS-OFF
MANAGER

제12장

# 현재의 과정에
# 최선을 다하라

정원에는 평화가 있다. 평화와 결과가…

– 러스 스타웃 Ruth Stout –

내가 지도한 관리자 중에 주디스라는 팀장이 있었다. 어느 날 그녀가 내게 이렇게 말했다.

"오늘 우리 팀이 현금 때문에 과도하게 회전매매를 해버렸어요. 내일까지 차마 기다릴 수가 없었거든요."

"정말이에요? 회전매매가 장기적으로 회사에게 얼마나 불이익을 줄 수 있을지 모르나요?" 나는 놀라서 물었다.

"알아요. 하지만 나는 오늘 당장 문제를 해결해야 했다고요. 나도 어쩔 수가 없었어요." 그녀는 소리를 지르며 말했다. "나는 투자자들을 생각해야 했어요. 많은 사람들이 나를 지켜보고 있다고요. 이제는 회전매매 때문에 고객들까지 잃게 생겼어요."

"고객과 파트너가 되어 고객이 원하는 걸 제공하는 것이 더 좋은 결과를 가져온다는 사실을 아직도 믿지 못하나요?"

"그들이 원하는 건 환불이에요."

"그래요. 그러면 환불을 해 줄 수가 없었나요?"

"이번 일은 환불해 줄 만한 일이 아니었어요. 아니, 우리는 고객들에게 환불해 줄 수가 없어요. 그렇게 하면 우리는 큰 손실을 떠안게 될 겁니다."

나는 주디스에게 노드스트롬Nordstrom이 고객들에게 적극적인 환불정책을 시행함으로써 장기적으로 소매업에서 경쟁 우위를 확보하게 된 사례를 그녀에게 설명해 주었다. 그 회사는 늘 좋은 상품을 만들기 위해 노력했을 뿐 아니라 어떤 경우에도 고객의 교환이나 환불 요구를 받아들였다. 노드스트롬은 일시적인 결과보다는 일의 과정에 더 집중함으로써 성공할 수 있다는 사실을 잘 알고 있던 회사였다.

내면의 성공은 결과적으로 외적 성공도 가져오기 마련이다. 우리는 내면을 들여다볼 수 있어야 성공을 외부로 꺼내올 수 있다. 개인이든 회사든 상관없이 말이다. 좋은 결과를 얻기 위해서는 조직의 내면을 살펴보고 전체적인 시스템을 파악하는 것이 매우 중요하다. '어떻게 하면 좋은 상품과 서비스를 만들 수 있는지', '조직 내의 신뢰를 회복할 방법은 무엇인지' 그리고 '어떻게 해야 고객에 대한 서비스와 만족을 향상시킬 수 있는지'를 살피는 것이다. 이는 얼마를 벌어들일 수 있느냐보다 항상 우선시되어야 하는 가치이다.

회사가 좋은 마케팅 프로그램을 갖고 영업을 잘 하려면 그에 맞는 사람들을 고용하는 것도 중요하다. 그러나 이보다 더 중요한 것은 회사 내의 직원들 하나하나가 필요에 맞는 사람이 되어야 한다는 것이다. 개인의 내면에서부터 재능을 발견하고 필요한 것들을 채워나갈 때 회사의 전체적인 성과를 기대할 수 있게 된다. 그러나 아직도 많은 회사들이 이런 과정의 중요성을 실감하지 못한다. 5년 안에 다섯 곳 중에서 네 곳의 회사가 실패하는 원인도 다 여기에 있다고 해도 무방하다.

## 선코개발 사의 성공 비결

보통 주택판매 회사들은 성과를 측정할 때, 이 달에 몇 채의 주택을 팔았는지를 보고 평가한다. 판매한 주택 수가 궁극적으로는 그들이 세운 목표이자 결과이기 때문이다. 또 이것은 주택판매 회사들의 성공 기준이기도 하다. 그래서 월말이 되면 결과가 어떻게 나올지에 대해 온 신경을 곤두세운다. 그러나 듀웨인은 이렇게 말한다.

내가 오랫동안 관찰해 본 결과 직원들이 마지막 날까지 한 달 동안 몇 채의 집을 팔았는지에만 집중할 때, 오히려 실적이 감소하는 경향이 있었습니다. 그들은 더 나은 상품과 서비스를 향상시키기보다는 일반적이고 평균적인 수준의 상품과 서비스를 만들기 위해 노력하는 것처럼 보였어요. 그러나 고객은 평균적인 것에는 프리미

엄을 지급하려 하지 않아요. 이렇게 평범한 제품들만 만들어 파는 기업들은 결국 큰 이윤을 내지 못하고 말아요. 왜냐하면 그들이 만든 2류 상품을 상쇄하기 위해 더 많은 지출이 불가피하거든요. 그들의 이익곡선은 나선형의 하향하는 모습과 같습니다. 이는 문제의 심각성을 인식할 때까지 오랜 시간이 걸린다는 뜻이에요. 이것이 바로 외적 결과에만 치중했을 때 발생할 수 있는 실패입니다.

선코개발 사가 큰 성공을 거둘 수 있었던 이유는 회사 내면의 과정에 더 집중했기 때문이다. 관리자들은 회사의 내면을 좀 더 효율적인 공동체로 만들기 위해 노력했던 것이다. 선코개발 사는 다른 회사처럼 과거의 판매량에 연연해하지 않았다. 그들은 과정을 수정하는 것이 판매량의 향상도 가져올 것이라고 믿었다. 그들이 사내 분위기에 대한 대대적인 혁신에 주력하기 시작하자 사원들은 이전보다 훨씬 더 훌륭한 토지개발 계획들을 만들어냈다. 그리고 이를 토대로 항상 훌륭한 건축물들을 지을 수 있었다. 뿐만 아니라 최적의 장소가 아니면 결코 주택을 짓지 않았다. 또 가능한한 사원들이 좋아하는 일에 적절히 인력을 배치하려고 노력했다. 이 때문에 굳이 감독이나 관리를 하지 않아도 사원들은 자신의 맡은 임무를 훌륭히 수행했다. 또한 선코개발 사는 비경쟁적인 분위기를 추구했다. 채찍질 대신 사원들에게서 성공이 자연스럽게 이루어질 수 있도록 동기를 부여했다. 듀웨인은 이렇게 말한다.

우리는 사원들에게 한 달에 10채 이상의 주택을 팔라고 강요하지 않습니다. 그 달의 날씨가 별로 좋지 않았다면 10채 이상의 주택을 팔기가 어렵거든요. 그것을 문제 삼아 압박을 가한다면 사원들은 스트레스를 받을 수밖에 없습니다. 그래서 우리는 전혀 그런 문제를 놓고 간섭하지 않았어요. 대신에 우리는 사원들에게 이렇게 말했습니다. "우리가 가진 기회들을 보세요. 우리는 현재 훌륭한 공동체와 가정에 속해 있습니다. 우리가 만들어내는 좋은 상품들은 바로 우리 자신을 대표하는 것과 같습니다. 이것이 성공의 토대가 될 것입니다. 너무 일을 열심히 하려고 애쓰지 마세요. 단지 우리가 속한 공동체와 주어진 기회를 함께 공유하려고 노력하기만 하면 됩니다."

선코개발 사의 관리자들은 이를 통해 영업사원들의 판매 실적을 올릴 수 있다는 사실을 잘 알고 있었다. 이는 사원들뿐만 아니라 고객들도 느낄 수 있다. 이 회사가 그들에게 좋은 상품을 제공하고, 상품을 구매한 후에도 자신들의 불만과 요구를 들어 줄 수 있다는 것을. 선코개발 사는 바로 이런 '신뢰'의 개념을 사원과 고객들에게 심어 주었다. 그래서 이들이 개발하는 건축물은 늘 가치를 갖게 되었다. 그들이 많이 팔려고 군이 애를 쓰지 않아도 고객들은 선코개발 사의 주택이나 건물들을 선호하게 되었다.

당신이 만약 선코개발 사의 영업사원이라면 고객의 눈높이를 맞추려고 고민할 필요가 전혀 없다. 거래나 협상을 할 때 어떤 순간에 뒤로 물러서야 하고, 어떤 상황에 침묵해야 하는지를 고민할 필요도 없다. 고객을 대할 때 이런 외적인 전략은 아무런 역할도 하지 못하기 때문이다.

선코개발 사의 영업사원이 하는 일은 단지 자신이 좋아하고 즐기는 일을 다른 동료나 고객들과 공유하는 것뿐이다. 고객들은 이에 대해 분명히 반응한다. 이런 회사에게 있어서 영업은 별로 어려운 일이 아니다. 이것이 바로 영업사원과 구매자, 회사에 모두 이익이 되는 진정한 원윈 시스템인 것이다.


## 내면의 목적을 지향하는 무간섭주의


비즈니스 전문가인 톰 피터스는 내면과 외부 세계의 일치가 얼마나 중요한지에 대해 세미나를 열었다. 슬라이드의 한 장면에 중년 남자가 검은색 가죽 자켓을 입은 채 오토바이를 몰고 작은 마을을 달리는 사진이 있다. 그를 쳐다보는 마을 사람들이 경악을 금치 못하고 있는 모습도 보였다. 그는 이것이 바로 영업의 힘이라고 했다. 무간섭형 관리자는 부하 직원들이 고객의 내면으로 들어가 그들이 진정으로 원하는 것을 발견하는 것이 매우 중요하다고 교육을 한다.

듀웨인은 다른 회사나 토지소유자들과 협상을 할 때에도 이런 방법을 사용한다. 그리고 협상을 끝낸 후 상대방은 주변으로부터 항상 이런 소리를 듣는다(물론 듀웨인은 늘 거래를 성사시킨다). "어떻게 그렇게 싸게 팔 수 있어요? 그런 식으로 거래하는 사람이 어디 있습니까? 그래서 어디 남겠어요?"

그래도 소유주는 전혀 손해 보았다는 생각을 하지 않는다. 왜냐하면 듀웨인과의 거래를 통해 선코개발 사의 파트너가 되었기 때문이다. 토지 소유주들은 이런 파트너십의 공유를 매우 기뻐한다. 그리고 선코개발 사와 함께 새로운 것을 창조해내는 데에 대해 열정을 갖는다. 토지 소유주에게 회계사가 이 거래로 단기적인 이익은 얻지 못할 것이라고 주의를 주어도 신경을 쓰지 않는다. 또한 지금 당장의 토지에 높은 가치가 매겨지지 않거나, 곧바로 이익이 나지 않는다고 해서 불안해 하지 않는다. 그의 내면 깊은 곳에서는 이미 장기적으로 선코개발 사와 함께 거둘 성공에 집중한다. 듀웨인은 바로 이것을 알고 있었다. 회사가 줄 수 있는 최상의 서비스와 품질을 통해 파트너십을 구축하는 것이다. 이는 장기적으로 모두에게 성공을 가져오는 지름길이다.

그리고 듀웨인이 옳았다.

단기적으로 결과를 내는 데 연연해하는 간섭주의 접근방식은 장기적으로 내면의 목적을 바라보는 무간섭주의 접근방식과 확연한 차이와 결과를 가져온다. 듀웨인이 이렇게 말했다.

나는 결과 중심의 목표를 세우지 않아요. 그리고 그런 목표를 위해 팀을 대동할 필요도 없습니다. 물론 재정적 지출계획 등을 세우고 예측하는 일은 필요합니다. 그러나 결코 팀에 목표나 할당량을 정하지는 않습니다. 가령 한 달 안에 10채의 주택을 팔아야 한다는 목표 말입니다. 이것을 달성하지 못했다고 해서 사원들이 실망하거나 낙담할 필요도 없어요. 우리 사원들은 그렇게 생각하도록 훈련을 받았거든요. '내가 비록 이번 달에는 9채의 주택만 팔았지만 상관없어. 적어도 나는 내 고객들을 충분히 만족시켜 주고 배려해 주었잖아. 분명 고객들은 다른 사람들에게 입소문을 낼 거야. 그래서 다음 달에는 11채의 주택을 팔 수 있게 되겠지. 그러니 지금 당장 10채를 못 팔았다고 걱정할 필요는 전혀 없어.'

듀웨인은 그의 직원들이 결과 때문에 스트레스를 받고 힘들어하는 것을 원치 않는다.

우리는 실패에 대해 부정적인 감정을 갖고 싶지 않습니다. 비록 우리가 계획한 양적인 목표에 도달하지 못한다 하더라도 적어도 우리가 내면에 세운 목적은 달성했으니까요. 그것은 바로 고객들에게 좋은 물건을 정직하게 팔고 판매한 후에도 지속적인 서비스를 제공하는 겁니다. 그것이 우리 회사의 목표입니다.

내면의 힘을 얻기 위해서는 세상을 움직이는 시스템을 믿어야 한다. 이는 당신이 미래에 되고 싶어 하는 사람이 될 수 있도록 하는 과정의 시작이다. 우리는 미래의 목표에 도달하기 위해 현재의 외적인 것을 보고 스트레스를 받을 필요가 전혀 없다.

듀웨인은 유타주 남부 개발 프로젝트 중의 하나였던 주택단지 조성에 대해 이야기를 꺼냈다. 사람들은 처음에 이 지역을 개발하는 건 불가능하리라고 생각했다. 이 지역을 개발하는 데 성공한다면 역사적인 기록이 될 것이라고도 했다. 그러나 선코개발 사는 이곳에 들어가 최선을 다해 주택을 지었다. 첫 해에 그들은 50채도 팔지 못했다. 두 번째가 되는 해에는 80채를 팔았다. 그리고 세 번째가 되는 해에는 100채, 네 번째 해에는 120채를 팔았다.

"훗날 우리는 사람들이 말하던 그 역사적인 기록을 세웠음을 알게 되었어요." 듀웨인이 말했다. "우리가 그 지역개발에 성공했다는 것을 자랑하기 위함이 아니에요. 나는 그 이상에 것에 대해 말하고 싶습니다. 바로 과정에 대한 집중이 어떤 결과를 가져오는지에 대해 말입니다." 그곳에서 주택을 산 사람들은 주변 사람들에게 이렇게 말한다. "선코개발 사는 말로만 고객서비스를 외치는 게 아니더라구요. 주택을 구입한 지도 꽤 오래 되었는데 아직까지도 고객서비스를 보증해 주고 약속대로 이행하고 있어요."

그들의 판매량은 120채에서 200채로 껑충 뛰어 올랐다.

"우리는 이 판매량의 증가에 대응하기가 어렵게 되었어요. 왜냐하면 수요가 이미 우리의 공급을 훌쩍 뛰어넘어 버렸거든요. 그렇다고 해서 우리는 건축을 서둘러서 짓기 위해 일들을 급하게 진행하지 않습니다. 충분한 시간을 들여 제대로 된 주택을 짓는 것이 우리의 목표이니까요."

그들의 성공 열쇠는 외적 목표에 대한 스트레스의 부재였다. 그들은 성공을 위해 얼마나 많은 주택을 짓고 팔지에 대해 걱정하지 않았다. 단지 그들이 세운 원칙대로 주택을 지었을 뿐이다. 그게 바로 그들이 수행한 내면의 과정이었다.

듀웨인은 마지막으로 이렇게 말했다. "내면의 과정은 우리의 진정한 목표입니다. 밖으로 드러나는 것이 아니라 내면의 과정에 대한 목표이지요."

그들의 욕망은 좋은 주택을 짓는 것이며 좋은 고객서비스를 제공하는 것이었다. 성공적인 결과에 비해 목표는 없었다. 아니 그런 것들을 필요로 하지도 않았다. 단지 내면의 욕구와 일치되도록 하는 과정에서 성공이 저절로 이루어졌을 뿐이다.

> 욕망은 모든 성공의 출발점이며 모든 것을 바꿀 수 있다. 그러나 그것은 단지 작은 희망이나 소원 정도가 아니라 가슴을 설레게 하는 열정적인 욕망이어야 한다.
>
> – 나폴레온 힐 Napoleon Hill –

## 현재의 과정에 최선을 다하라

짐 콜린스Jim Collins는 《좋은 기업을 넘어 위대한 기업으로》라는 책에서, 장기간 위대한 기업으로서의 위치를 확고하게 지켰던 기업과 실적이 상승세와 하향세를 주기적으로 반복했던 기업들을 비교분석했다. 대부분의 위대한 기업들은 50여 년 이상의 성공과 명성을 유지한 기업들이었다. 이 두 표본의 근본적인 차이점은 그들이 세운 목표의 차이였다. 장기적인 관점에서 꾸준한 성공을 위해 과정에 집중했던 기업들은 훌륭한 상품과 서비스를 제공함으로써 오랫동안 그 자리를 유지할 수 있었다. 그들은 내면의 과정에 충실함으로써 외적 결과들을 만들어낸 것이다. 반면 성장세가 오르락내리락 한 기업들은 외적 목표지향이 강한 기업들이었음을 알 수 있다.

이는 개인의 삶에도 똑같이 적용할 수 있다. 당신은 얼마나 큰 집을 사야 할지에 대한 목표를 가질 필요가 없다. 얼마나 많은 돈을 모아야 하는지에 대한 목표도 가질 필요가 없다. 정말로 그런 것들은 원한다면 그 목표를 달성하기 위해 지금 당장 할 수 있는 일의 과정에 집중하면 된다. 그러면 결과들은 자연스럽게 따라오기 마련이다. 우리가 내면의 세계에 집중하는 동안에는 스트레스를 받을 필요도 없고 실망할 필요도 없다. 물론 과정을 진행하다 보면 단기적으로 성과가 나지 않거나 오히려 후퇴할 경우도 생긴다. 그러나 거기에는 잘못된 것이 하나도 없다. 단지 우리는 하는 일들의 수준을 좀 더 높이기 위해 열심히 노력하면 된다. 그러면 분명 장기적으로 좋은 결과들이 나타날 것이다. 예외는 없다. 세상은 정말로 이런 체계 안에서 돌아간다.

은행가인 친구는 은행의 높은 이자율이나 경기침체를 결코 무시할 수 없다고 말한다. 그러나 은행은 사람들에게 자본을 축적시킬 수 있는 기회를 제공해야 한다. 그래서 시세를 역행하면서 은행의 사명을 다하는 은행들은 당장은 어려움을 겪을지 모르지만 장기적으로는 더 많은 고객들을 확보하여 충분한 이익을 내게 된다.

우리가 숨은 내쉴 수는 있지만 들이 마실 수는 없다고 상상해 보아라. 항상 깨어 있지만 결코 쉬거나 잘 수 없다고 생각해 봐라. 그런 삶은 불가능하다. 우리는 안과 밖, 위와 아래를 고려해야 한다. 그것은 삶의 일부분이기 때문이다. 마찬가지로 좋은 일도 나쁜 일도 모두 필요한 것이다.

언제가 당신에게 전력을 다해 이루고자 하는 목표에 혼신을 쏟아야 할 시기가 찾아올지도 모른다. 그러나 당신은 그 순간에도 빠르게 돌아가는 삶을 여유롭게 만들 필요가 있다. 열정을 다해야 할 순간을 위해서라도 휴식은 반드시 필요하다. 이것은 바로 삶의 리듬이다. 사람들은 자신이 높은 위치에 있을 때를 좋게 여기고 낮은 위치에 있을 때를 나쁘게 여긴다. 그런 생각이 삶의 리듬을 무너뜨리고 스트레스를 받게 한다. 심지어는 다른 사람에게도 그 스트레스를 확산시킨다. 그러나 모두가 잘 알고 있지 않은가. 밤에 충분히 쉬어 줘야 낮에 능률이 더 오른다는 사실을.

　이것이 바로 내가 이 장을 통해 말하려는 것이다. 성공을 위해서는 무엇보다도 배워야 한다. 좀 더 나은 사람이 되길 원한다면 배워라. 성공을 위해 때로는 우리 자신을 쉬게 해줄 필요가 있다는 걸 배워야 한다. 그리고 좋은 결과를 이끌어내기 위해 내면의 과정에 집중해야 한다. 결과들이 저절로 따라올 수 있도록 하라. 결과를 기대하지 말고 그저 성공이 자연스레 따라올 수 있도록 현재의 과정에 최선을 다하라. 그리고 그런 삶의 방식을 주변 사람들에게도 전하라. 이 과정을 통해 당신은 당신과 연관된 모든 것을 발견하고 깨달을 수 있다. 듀웨인은 어떤 하나가 다른 것과 어떻게 관련되는지에 대해서도 언급한 바 있다.

　　주택을 팔 때 우리는 단지 그 집을 사는 사람만 고려하지 않습니다. 그 사람의 가족, 그들의 방문자 그리고 후에 그 집을 다시 살 새로운 주인에 대해서까지 고려합니다. 그리고 우리는 그 집을 짓는 사람, 하청인, 우리의 계획을 검토하는 시청, 감리자, 전기·전화·케이블 TV 등을 설치하는 회사의 직원들까지 고려합니다. 이 모든 사람들이 주택 하나에 영향을 받기 때문이죠. 정말 놀라운 일이 아닌가요.

과정에 집중한다는 것은 외적으로 경쟁하는 모습을 보이지 않아도 된다는 또 다른 장점이 있다. 우리는 옆 자리에 앉아 있는 동료보다 더 많은 실적을 거두기 위해 경쟁할 필요가 없다. 우리가 조직에 속해 있는 이유는 동료와 함께 일함으로써 더 좋은 성과를 올리기 위함이다. 누군가가 듀웨인에게 이런 질문을 한 적이 있다고 한다. "당신은 기업의 문화적 측면에서 볼 때 큰 성공을 거두었죠. 그러나 나는 당신이 이렇게 성공하리라고 상상하지 못했습니다. 17년 전에 당신은 자영업자였잖아요. 근데 어떻게 이렇게 큰 성공을 거둘 수 있었죠?"

이에 대해 듀웨인은 이렇게 대답했다. "해답은 매우 간단합니다. 나는 조직 내의 사람들을 경쟁자로 인식하지 않아요. 우리 회사 밖에 있는 사람들이 나의 경쟁자라고 생각합니다."

많은 사람들은 외부 세계에서 경쟁한다. 그런 사람들은 누가 상사로부터 더 인정받는지에 대해 온 관심을 기울인다. 또 자신이 다른 사람보다 높은 인금을 받지 못하면 스트레스를 받고, 누가 더 오랫동안 휴가를 보내는지에 대해서만 관심을 집중한다. 게다가 누가 자신보다 좀 더 일찍 점심을 먹는지에 대한 사소한 일에까지 연연해한다. 하지만 진정으로 성공하려면 다음 말에 집중해야 한다. "내가 더 나은 회사를 만들기 위해서는 어떻게 기여할 수 있을까?" 이런 의문에 대해 문제의식을 갖는 사람이 급여도 인상되고 승진도 할 수 있는 사람이다. 집중해야 할 것은 당신이 회사에 무엇을 해줄 수 있는가에 관한 것이다. 경쟁은 필요하지 않다. 단지 협력만이 필요할 뿐이다. 다른 사람들과 함께 일할 때 성공도 더 크다. 당신의 아이디어를 동료들과 공유할 수 있어야 그 아이디어도 빛을 발할 수 있다. 그래야만 더 나은 결과를 창조해낼 수 있다.

"태양은 정보사회 위에 떠 있다." 롤프 옌센<sup>Rolf Jensen</sup>은 자신의 저서《꿈의 사회: 정보에서 상상력으로의 이동이 당신의 비즈니스를 바꿀 것이다》에서 이렇게 말했다.

> 개인으로서 또는 회사로서 요구되는 것에 부합되기 전까지, 우리는 단지 사냥꾼이나 농부로 살아 왔고 공장에서 일하기도 했다. 이제 우리는 컴퓨터로 대변되는 정보화 사회에서 살고 있다. 그러나 우리는 또 다른 사회를 눈앞에 두고 있다. 바로 꿈의 사회이다. 앞으로의 미래는 머리가 아닌 감성에 집중될 것이다. 아이디어가 좋은 상품만으로는 부족하다. 고객의 마음을 움직이는 상품이나 서비스를 만들어내야 성공할 수 있는 시대가 도래하고 있는 것이다.

그런데 무간섭형 관리자들은 정보화시대에서 상상력의 시대로 전환하는 데 있어서 가장 적합한 사람들이다.

제12장을 읽은 후 당신이 따라야 할 3가지 행동 단계 :

- 이루고자 하는 목표보다는 당신이 더 개발하기를 원하는 내면의 성장에 집중해라. 무엇이 위대한 리더를 만드는가? 위대한 리더가 되기 위해 필요한 자질에 대해 적어보고 각 항목들을 적용하여 자신에 대해 점수를 매겨 보라. 그런 다음 당신의 내면의 성장을 이뤄내기 위해 어떤 목록에 대해 더 집중해야 할지를 생각해 보라.

- 팀원들의 내면에 숨겨진 잠재력을 찾아내려고 노력하라. 그리고 그들을 일대일로 만나 외적 목표보다는 내면에 가진 강점에 대해 이야기해 주어라. 또한 그들이 내면에 가진 자신의 재능들을 발견할 수 있도록 브레인스토밍하라.

- 부하 직원들에게 내면의 성장을 위해 필요한 것이 무엇인지 설문조사를 실시하라. 가장 좋은 아이디어를 내는 사람에게는 꼭 상을 주어라.

제13장

# 상호주의적인 시스템에
# 투자하라

기적이란 작은 종이에 담을 수 있는 아주 작은 이야기이다.

이 작은 종이들이 모여 큰 종이가 만들어지는 과정이 곧 세상이 돌아가는 이치이다.

− C.S.루이스 C.S. Lewis −

무간섭주의 원칙을 통한 성공은 모든 것과 연결되려는 당신의 감정에서 비롯된다. 그것은 또한 당신이 항상 지지받고 있다는 감정을 느낄 때 더욱 강화된다. 그러니 당신은 감정을 전환시키려고 굳이 노력할 필요가 없다. 재차 강조하지만 감정이란 우리의 성공을 불러오는 기적과도 같은 것이다. 듀웨인은 나에게 이렇게 말했다.

한때 저에게 큰 과제를 안겨 줬던 친구가 있었습니다. 하루는 그친구가 나에게 이렇게 묻더군요. 지금까지 해온 일이나 소유하고 있는 것들 중에 혼자만의 힘으로 해낼 수 있었던 것이 있느냐고 말이죠. 그 질문을 받고 나는 한참을 고민해 봤지만 아무것도 떠올릴 수가 없었습니다. 심지어 내가 가진 몸조차도 부모에게 받은 것이잖아요. 한참을 생각해 봐도 다른 사람의 도움 없이 내가 혼자서 이루어낸 일은 없었어요. 창의적인 아이디어도 모두 다른 사람들의 도움으로 얻은 것이고, 하다 못해 주머니칼이라도 들고 숲으로 가서 나무 조각 상을 만들어 보려고 해도 온전히 나의 힘으로 만들어진 것이 아니더란 말입니다. 주머니칼은 다른 사람이 만든 것이고, 나무는 자연의 산물이죠. 결국 나 혼자만의 공이 아닌 겁니다. 결국 내가 혼자 해낼 수 있었던 것은 세상에 단 하나도 없었습니다.

대부분의 사람들은 자신이 이뤄낸 성과가 다른 사람의 도움을 통해 이루어졌다는 사실을 깨닫지 못한다. 자신 스스로가 그 일들을 해냈다고 믿는 것이다. 이런 사람들의 사무실에는 다음과 같은 말이 액자에 걸려 있다. '성과는 노력 여하에 달려 있다.'

또한 그들은 다른 사람으로부터 무언가를 빼앗아야 돈을 벌 수 있다고 믿는 경향이 있다. 그들이 가진 삶에 대한 관점은 늘 제로섬 게임인 것이다. 그러나 우주는 빅뱅 이후로 제로섬에서 무한대의 영역으로 확장되었다. 우리가 유한한 제로섬 게임에서 전체와 맞서 싸우려고 아무리 노력하더라도 이 무한한 우주의 시스템은 붕괴되지 않는다. 그것이 바로 자연의 일이자 세상사인 것이다.

이 제로섬의 구조는 마르크스주의에서 비롯되었다. 마르크스는 세상에 '부'의 한계가 존재한다고 말했다. 이는 간섭주의 관리 시스템과도 밀접한 관련이 있다. 마르크스의 이론은 매우 극단적이다. 자원이란 유한하고 한계가 있기 때문에 부자들에게서 자원과 부를 빼앗아 재분배해야 한다고 말하는 것이다. 이 마르크스주의 이론을 무너뜨린 것이 바로 서구의 자유주의 시장경제체제이다.

이는 '부'가 결코 한정적이거나 제한되지 않다는 관점에서 출발한다. 이 체제에서 '부'의 영역은 무제한으로 확대된다. 따라서 사회주의 시스템이 붕괴되고 베를린 장벽이 무너진 것은 놀랄 일이 아니다. 유한은 무한을 이길 수 없기 때문이다. 간섭형 관리자들은 자신이 가진 정보와 힘을 갖고 할 수 있는 만큼만 일한다. 반면에 무간섭형 관리자들은 무한한 상상력을 통해 일을 한다. '부'는 무간섭주의를 통한 혁명과 발전을 일으키기 위해 결정적으로 사용될 수 있는 수단이다. 하나의 무가치한 모래알도 지금은 고부가가치의 컴퓨터 칩으로 사용되고 있지 않은가.

> 모래알 속에서 세상을 읽고, 야생화의 꽃잎 속에서 천국을 보는 사람은
>
> 한 시간이 가진 무한한 잠재력을 붙잡을 수 있는 사람이다.
>
> ― 윌리엄 블레이크 William Blake ―

## 무간섭형 관리자는 과정을 간섭하지 않는다

상상력을 통해 우리는 제한된 삶에서 무한한 삶으로 인생을 이끌어갈 수 있다. 사람들을 제한하는 것은 다른 것이 아니다. 바로 그들의 생각이 삶을 제한하는 것이다. 그들은 자신이 속해 있는 사회구조 속에 자신들을 제한시켜 버린다. 마치 마르크스가 사회에

대한 잘못된 결론을 내린 것처럼 말이다. 그래서 그런 생각을 가진 사람들은 타인에게서 빼앗아야만 무언가를 획득할 수 있다는 사고방식으로 세상을 살아간다. 하지만 이는 자연의 본성과 어긋난다. 우리가 그런 사고방식으로 세상을 살아간다면 스트레스와 좌절 속에서 벗어나기 어려울 것이다. 게다가 생각을 제한하는 것은 내면의 세계를 무너뜨릴 수 있다. 예를 들면, 많은 사람들이 고객에게 추가적인 서비스를 제공할 때마다 자신이 얻을 수 있는 다른 이익을 포기하는 것으로 착각한다. 그들에게 있어서 서비스는 불필요한 비용을 초래할 뿐이다. 그래서 좋은 서비스가 장기적인 관점에서 얼마나 큰 이익을 가져다주는지 깨닫지 못한다. 이는 곧 장기적으로 성공하지 못하는 이유로 직결된다.

제로섬 블랙홀에 빠지지 않으려면 다른 사람에게 주는 것에 대해 집중해야 한다. 주는 행위를 통해 얻을 수 있는 게 무엇인지를 계산하지 말고 그저 이 자연의 시스템을 믿어라. 이것은 분명 세상에서 통하는 성공법칙이다. 왜냐하면 사회의 전체 시스템은 서로 연결되어 있기 때문이다. 우리는 분명 계산할 수도 없을 만큼 되돌려 받게 될 것이다.


무간섭형 관리자는 과정에 대해 간섭하지 않는다. 왜냐하면 간섭을 멈추는 것이 더 큰 그림을 볼 수 있는 방법이란 사실을 알고 있기 때문이다. 그는 사람들이 회사를 위해 할 수 있는 모든 가능성만을 본다. 그래서 사소한 문제에 신경 쓰지 않고 전체적으로 시스템을 보려고 노력한다. 또한 두려움 때문에 개인적인 영역을 방어하려고 애쓰지 않는다. 팀 내의 사람들과 교감하는 이러한 상호작용과 마찬가지로 우리는 고객과도 주고받는 시스템을 적용할 수 있다. 무관섭 관리방식의 선순환적인 과정을 이해한다면, 우리 또한 세상의 주고받는 이치를 깨달 수 있다.

자본주의의 힘을 믿는 사람들은 이렇게 생각한다. 사회 전체를 위해 사용되는 비용은 결국 개인에게도 최고의 결과를 이끌어낼 수 있는 도구로 사용된다는 사실을 말이다. 그래서 그들은 환경을 위한 투자를 아끼지 않는다. 이는 결코 손해 보는 장사가 아니다. 장기적으로 볼 때 사회를 위해 지불한 대가는 더 큰 이익이 되어 돌아오기 때문이다. 사회에서는 오히려 개인주의적인 이기심이 힘을 잃는다.

작은 친절이 먼 곳으로 울려 퍼지고 시간을 통해 메아리친다.

이런 메아리는 전혀 연관성이 없어 보이는 저 곳의 사람들에게도 전파된다.

그리고 이 메아리의 반향은 시간이 지남에 따라 점점 더 커진다.

마침내는 이 메아리의 근원이 되었던 사람에게로 되돌아간다.

친절의 메아리는 시간이 지날 때마다 더 커진다. 그리고 아주 오랫동안 지속된다.

- H.R. 화이트 H.R. White -

당신은 상호의존적으로 살아가는 것이 얼마나 중요한지를 의식적으로 깨닫기 위해 노력해야 한다. 환경오염은 자연 스스로가 일으키는 것이 아니다. 우리의 내면의 의식을 오염시킬 때 환경오염도 발생하는 것이다. 엔론Enron의 사례를 보면 잘 알 수 있다. 자신의 이익을 위해 남에게 해를 끼친 사람들은 결국 감옥으로 가거나 극단적일 때는 죽음에 이르기도 한다. 엑선 발데즈호Exxon Valdez의 기름유출 사건에서도 자연 환경을 파괴한 회사가 입는 막대한 재정적 손실을 우리는 목격했다. 세상에서 한 개인이 상호의존적인 환경에서 벗어날 수 있는 방법은 어디에도 없다.

　이런 일들이 너무 신비롭게 느껴지지 않은가? 이 상호의존이라는 단어는 나비효과로도 설명할 수 있다. 깨닫든 깨닫지 못하든 우리는 나비효과가 적용되는 일터에서 일한다. 나비효과란 혼돈이론에서 나온 법칙으로, 나비의 날개 짓과 같은 매우 사소한 일이 결과적으로 지구에 태풍을 불러일으키는 큰 일로 확대될 수 있다는 것이다. 베이징에서 나비 하나가 날개 짓을 하면 1주일 후에는 미국의 기후에 영향을 줄 수 있는 것이다. 다시 말해 어떤 사람도 다른 사람들에게 영향을 주지 않고 살아갈 방법은 없는 것이다. 누군가가 한 조직에서 나비효과를 일으키면 그 조직은 이에 따른 큰 영향을 받는다. 직원들이 하는 모든 사소한 일들이 궁극적으로 회사에 큰 영향을 미치는 것이다.

## 주는 것은 시간 낭비가 아니다

대부분의 사람들은 세상에 기여하는 부분이 분명히 있다고 생각하며 살아간다. 실제로 '주다'라는 개념은 어떤 면에서 볼 때 하나의 거래일 수 있다. 왜냐하면 많은 사람들이 자신의 주는 행위를 통해 무엇을 돌려받을 수 있을지를 계산하기 때문이다. 동료의 밀린 업무를 도와줘야 할까? 이 고객에게 돈을 환불해 줘야 할까? 이렇게 하면 나에겐 결과적으로 무엇이 돌아올까? 내 이익이 줄어드는 것은 아닐까? 다른 부서의 사람들을 굳이 만나야 할 필요가 있을까? 그들을 만나서 얻을 수 있는 건 무엇이 있을까?

결국 그들에게 있어서 '준다'는 것은 하나의 거래인 셈이다. 거래란 주는 것이 아니다. 그저 받는 것을 동기로 한 행위일 뿐이다. 회사는 마치 천장에 달린 모빌과 같다. 모빌의 전체적 라인은 모두 연결되어 있기 때문에 한 부분이 떨어지면 전체가 떨어지고 만다.

우리가 진정으로 다른 사람들에게 무언가를 주고자 한다면 우리에게 돌아올 수 있는 것이 무엇인지에 대해 생각해 볼 시간적 여유도 없을 것이다. 그것을 계산하는 것은 오히려 시간 낭비일 뿐이다. 뿐만 아니라 정신적 측면에서도 에너지 낭비이다. 당신이 중요하다고 여기지 않는 고객들까지 잘 대접한다면, 훗날 그 사람은 새로운 고객들을 불러올 것이다. 입소문만큼 장사를 잘 되게 하는 방법은 없다.

무간섭 관리원칙으로 관리자들을 교육하는 한 코치가 어느 날 나에게 찾아와 이렇게 말했다. "글쎄, 내가 조에게 반나절 코스의 비즈니스 지도를 해줬는데 그가 이 방법이 현실에 적용될 수 없다며 돈을 줄 수 없다 하네요. 자신이 배운 것이 삶에 적용되어 실제적으로 성과가 드러나는 것을 봐야 돈을 지불할 수 있겠대요. 그는 '준다'고 해서 더 많은 것을 받을 수 있다는 것은 말이 안 된다고 생각하고 있어요." 이렇게 말한 지 불과 6개월도 지나지 않아 조는 자신의 다른 친구를 고객으로 데리고 우리를 찾아왔다.

우리는 큰 고마움을 매우 작게 생각하는 경향이 있다. 나조차도 조가 새로운 고객을 데리고 다시 찾아올 거란 생각을 하지 못했다. 이처럼 우리는 한때 우리가 누군가에게 도움을 베푼 것으로 인해 언젠가 우리에게 되돌아올 것이란 사실을 깨닫지 못하고 살아간다. 놀랍게도 실제로는 준 것보다 더 많은 것을 받으며 살아간다. 그렇기 때문에 우리가 전체적인 순환 시스템 속에 살고 있다는 사실을 결코 부인할 수가 없다.

나는 스탠리라는 한 영업사원을 알고 있다. 그는 이전 회사에서 최고의 실적을 올리고 난 뒤 새로운 회사로부터 스카우트 제의를 받아 막 이직을 한 상태였다. 그곳에 가서 그가 가장 먼저 한 일은 한 사람씩 팀원을 만나 그들에 대해 알아가려는 노력이었다. 사람들의 지위와는 상관없이 스탠리는 모든 사람들을 보석처럼 소중히 대했다. 그는 직원들이 가장 잘 할 수 있는 역할이 무엇인지 물어봤고, 그 일을 위해 자신이 어떻게 도울 수 있는지를 물어봤다.

이런 식으로 스탠리는 많은 사람들을 만나 그들에게 가장 최적의 역할이 무엇이며 그들이 이루어낼 수 있는 성공의 가능성이 무엇인지를 찾아주기 위해 노력했다.

독자 여러분들도 예상했겠지만 이런 노력은 그에게 다시 새로운 성공을 안겨다 주었다. 다른 관리자들은 그를 질투하여 굳이 쓸데없는 일들을 함으로써 시간을 낭비한다고 비아냥거렸다. 그러나 그들은 낮은 위치에 있는 사람들과 갖는 그런 교제가 결코 시간 낭비가 아님을 깨닫지 못할 것이다.

이는 정말로 시간 낭비가 아니었다. 스탠리는 '조정자'였다. 유명한 피아니스트가 연주하는 모습을 살펴 봐라. 그의 손가락은 아름다운 소나타를 연주하기 위해 피아노 건반을 자유롭게 조정한다. 스탠리 또한 언젠가 그를 위해 도울 수 있는 가능성을 가진 모든 사람들과 신뢰를 쌓기 위해 노력했다. 그리고 더 이상의 것들에 대해서 걱정하지 않았다. 그는 모든 사람들과 일에는 연관성이 있다는 사실을 분명히 알았기 때문이다. 작은 친절한 행위 하나가 결코 헛수고가 아님은 더욱 더 잘 알고 있었다. 물론 그를 거쳐 간 모든 사람들이 그에게 도움이 되는 것은 아니다. 그럼에도 불구하고 이런 교제는 결코 시간낭비가 아니다. 왜냐하면 이것은 전체적인 시스템에 대해 투자하는 친절 행위이기 때문이다.

## 나누는 것을 기쁘게 즐겨라

전기 영화인 '간디'를 보면 부자들에게 손가락질을 하는 그의 주변 사람들 모습이 나온다. 간디는 그 사람들에게 자신도 부자라고 딱 잘라 말을 했다. 하지만 사람들은 간디의 말을 이해하지 못해 당황해 한다. 그의 메시지는 우리가 부자들과 아무런 관련이 없는 것처럼 이야기하지 말라는 것이다. '그들을 분리시키지 마라. 우리 모두는 연결되어 있다.' 이것이 바로 그의 메시지였다. 간디는 주변 사람들이 서로 연결되어 있다는 사실을 깨달아 고차원적인 수준으로 올라가게 하기 위해서 노력했다.

> 감사란 위대한 행위다.
> 이는 다른 사람들이 갖고 있는 장점을 우리도 공유할 수 있도록 하는 방법이기 때문이다.
>
> – 볼테르 Voltaire –

내가 처음 관리자들을 지도하는 일을 시작했을 때, 나는 인간관계 이론의 신이라 불리는 마이클 바소프와 함께 일할 기회가 있었다. 이 사람이 주로 다루던 문제는 기부자와 NGO 단체들의 관계에 관한 것이었다. 그는 기부자에게 받는 것 이상으로 되돌려 줄 수 있어야 한다고 역설했다. 기부자에게 돌려주는 행위는 상호의존의 한 부분이다. 그렇게 함으로써 기부자들은 자신의 자금이 큰 일들에 쓰이는 것에 대해 기뻐하고 감사하게 된다.

그는 NGO 단체들이 기부금 이상으로 기부자에게 더 많은 것을 돌려주는 일이 얼마나 중요한지에 대해 교육하고 훈련을 시켰다. 기부자에 대한 사례는 모든 정신적인 연결의 한 부분이다. 대부분의 NGO 단체들은 기부자에게 받는 돈을 너무나도 당연시 생각하는 경향이 있다. 그러나 그런 생각은 상호의존 체계를 무너뜨리게 될 것이다. 그는 이에 대해 펀드레이징 시스템이라는 이름을 붙였다. 그리고 이 시스템은 모든 단체에 적용하게 되었다. 왜냐하면 우리는 자신에게 무언가를 주는 사람에게 늘 받고만 살 수는 없기 때문이다.

이는 신뢰와 믿음 이상의 의존체계이다. 우리는 이 상호의존체계를 의심하지 말고 받아들여야 한다. 마치 스위치를 누르면 전구에 불이 들어오는 것을 믿는 것처럼 말이다. 이것이 바로 무간섭 관리원칙이다. 우리가 나누는 것을 더 큰 기쁨으로 즐길 수 있을 때 우리는 더 큰 성과를 불러올 수 있다. 그리고 우리가 관리하는 조직과 팀을 더 높은 협력의 수준으로 이끌어낼 수 있다.

제13장을 읽은 후 당신이 따라야 할 3가지 행동 단계 :

- 팀원들 중의 누구라도 가리지 말고 도울 수 있으면 도와라. 누구를 도울 것인가를 생각하지 마라. 그것마저도 시간낭비가 될 수 있다.

- 마음속에 중요하고 중요하지 않은 사람들을 구분하지 마라. 모든 고객과 동료들은 당신이 볼 수 없는 방법으로 당신을 도울 수 있는 힘을 가진 사람들이다. 또한 당신의 성공에 도움을 줄 수 있는 사람들이다.

- 회의 도중에 당신의 팀원들이 다른 부서나 사람에 대해 험담하고 있으면 당장 그 회의를 접어라. 그리고 다음 기회에 그 부서 사람들을 당신의 팀 회의에 초대하여 함께 이야기를 나눠라. 다른 부서와 함께 회의할 수 있는 기회들을 많이 만드는 것이 좋다. 다른 부서와 자신이 속한 팀이 어떻게 서로 연관되어 있는지를 체험할 수 있는 기회를 팀원들에게 끊임없이 제공하라.

THE
# HANDS-OFF
# MANAGER

제14장

# 잠재능력과
# 재능을 찾아라

목적과 결정을 정신적인 차원의 것으로만 인식해서는 안 된다.

이는 우리의 신체 리듬에도 영향을 미치는 것들이다.

– 노먼 커즌스 Norman Cousins –

무간섭형 관리자는 보이지 않는 것들까지 보기 위해 더 노력하고 더 신중하게 생각한다. 그는 동료나 부하 직원들의 내면에 어떤 욕구가 있는지를 더 깊게 이해하려고 끊임없이 노력한다. 또한 다른 사람들이 원하는 것이 무엇인지를 알려고 함과 동시에, 그들이 왜 그런 것들을 원하는지에 대해서도 알고 싶어 한다. 그리고 그들의 욕망을 이뤄주기 위해 자신이 줄 수 있는 도움이 무엇인지에 대해서도 고려한다. 이런 과정을 통해 그는 사람들의 내면 깊숙이 숨겨진 것들을 발견하고 도울 수 있게 된다. 어떤 부하 직원이 메르세데스 벤츠를 사고 싶다고 말하면 무간섭형 관리자는 왜 그 차를 갖고 싶은지에 대해 물어볼 것이다.

"벤츠 자동차는 품질이 좋고 믿을 만하거든요."
"그래요? 그럼 당신이 벤츠를 구입하려면 지금 뭘 해야 하죠? 지금 무슨 일을 해야만 미래에 그 자동차를 구입할 수 있게 될까요?

그것을 알고 있고 당장 실행에 옮길 수 있다면 결국에는 자동차를 구입할 수 있게 되겠죠. 차를 사지 못하는 것에 대해서는 고민할 필요가 없잖아요."

또 다른 부하 직원은 부자가 되고 싶다는 이야기를 할 수도 있다. 물론 이런 것들은 좋은 목표들이다. 그들에게 부자가 되고 싶은 이유를 물어보면 이렇게들 이야기하곤 한다. "음, 나는 좀 더 안정적이고 싶어요. 월급을 안 받아도 걱정할 필요가 없을 정도면 좋겠어요. 그리고 사람들에게 베풀 수 있는 여유를 가지면 좋겠어요."

이것은 그 사람이 가진 깊은 내면의 욕망이다. 이런 욕망은 성취하고자 하는 것을 위해 한 걸음 더 나아갈 수 있도록 방향을 제시해 주기도 한다. 무간섭형 관리자들이 사용하는 효과적인 방법 중의 하나는 부하 직원들이 가진 잠재력을 통해 그들이 욕망을 채울 수 있도록 돕는 것이다. 일단 원하는 것이 무엇인지를 알게 되면 상황에 맞게 상담하고 지도해 줄 수 있다. 이는 그들이 원하는 바를 위해 돕는 것이지, 원하지도 않는 일을 위해 돕는 것이 아니다.


## 부하직원들의 욕망을 드러내게 하라


우리가 사람들의 더 깊은 욕구에 대해 깨닫게 되면, 그들이 욕망을 성취하기 위해 사용할 수 있는 무한한 잠재력과 재능까지 발견할 수 있다. 관리자인 당신이 이 단계까지 올라가지 못한다면 부하 직원들의 욕망은 한낱 희망으로만 남게 될 것이다. 반면 진정으로 그들의 욕망을 성취하기 위한 방법들을 찾아준다면, 자신을 성공으로 이끌어주기 위해 관리자가 노력하고 있다는 사실에 큰 감동을 받게 될 것이다. 이것은 부하 직원들에게 큰 의미를 부여한다. 멘토나 코치가 없을 때 대부분의 사람들은 미래에 일어날 일들에 대해서만 연연해하며 살아가기 때문이다. 우리는 그들에게 바로 멘토나 코치가 되어야 한다. 그래서 부하 직원들이 더 높고 많은 성과를 내려는 데에만 집중하기보다는 그들이 진정으로 되기를 원하는 사람이 될 수 있도록 도와주고 지도해야 한다. 이것이 바로 내면의 목적에 접근하는 방법이다. 당신의 지도방법에 따라 사람들은 이뤄야 할 목표에서 이루기를 원하는 목적으로 전환할 수 있다.

무언가를 원한다는 것은 무언가가 부족하다는 뜻이다. 또한 무엇인가를 갖고 싶다는 것은 그것을 결코 얻지 못할 것이라는 소극적인 생각이 담겨 있기도 하다. 원한다는 것은 또 결핍을 의미한다. 그래서 그런 말에는 자신감이 담겨 있지 않다. 이런 무기력하고 두려움에 떠는 사람들에게 희망의 메시지를 전하는 것이 바로 무간섭형 관리자의 소명인 것이다.


대부분의 직장인들은 하루하루를 두려움 속에서 살아간다. 무간섭형 관리자는 바로 이 두려움을 제거할 수 있어야 한다. 그리고 목적을 깨달아 삶에 적용하고 더 큰 성공을 불러일으킬 수 있도록 그들을 도와야 한다. 그들은 이런 당신을 통해 미래만을 멍하니 바라보고 살았던 삶에서 활기찬 현재의 삶으로 전환하게 될 것이다.

> 당신의 시선을 사로잡는 삶의 목적 외에
>
> 당신의 마음을 열게 하고 편안하게 해 줄 수 있는 것은 아무것도 없다.
>
> – 메리 셸리 Mary Shelley –

의무로 시작된 목표와 의지로 시작되는 목표는 끝이 다르다. 우리는 팀원들에게 후자의 목표를 심어줄 수 있어야 한다. 믿기지 않겠지만 부하 직원들이 하고 싶어 하는 일에 목표를 세울 때 우리에게 더 큰 성공을 안겨준다. 지금까지는 회계장부로 그들의 성과를 측정했다면 이제부터는 자발적으로 세운 목표의식에 맞춰 성과를 평가하라. 일터에 그런 분위기를 만들어낼 수 있다면 당신의 조직은 반드시 성공한다. 어느 순간엔가 여기저기서 당신에게 조직을 성공으로 이끌어가는 방법에 대한 강연을 부탁할지도 모른다. 그렇게 되지 않더라도 조직 내의 성공을 알아보고 찾아온 외부 사람들에게 당신은 무간섭 관리원칙을 전할 수 있다. 앞으로 만나게 될 사람들과의 관계는 당신이 가장 중시해야 할 가치 있는 관계가 될 것이다. 당신은 그런 관계를 위해 단 한 가지만 명심하면 된다. 바로 다른 사람의 말을 듣지 않고는 그 어떤 사람도 좋은 연설가가 될 수 없다는 점이다.

## 사람들과 교감하는 것만이 성공하는 길이다

나는 산타모니카 대학에서 대학원생들에게 프레젠테이션 스킬과 대중연설에 관하여 가르친 적이 있다. 그들을 가르치기 위해 첫 강단에 섰을 때 나의 첫 마디는 다음과 같았다. "앞으로의 1년 과정을 한 마디로 요약한다면 바로 이겁니다." 그리고는 나는 칠판에다 "사람들과의 교감하는 것만이 성공하는 길이다." 그리고는 말을 이었다. "이것이 내가 1년 동안 여러분들에게 강의할 내용의 전부입니다. 여러분은 이 말에만 신경 쓰고 집중하면 됩니다."

수업이 끝난 후에 몇몇의 학생들이 찾아와 내가 연설한 장면을 촬영한 비디오테이프를 빌릴 수 있느냐고 물었다. 그래서 나는 이렇게 대답해 주었다. "접근방식이 잘못됐네요. 굳이 비디오테이프를 촬영한다면 나는 연설자를 찍지 않고 연설가를 바라보고 있는 청중들을 찍을 것이니까요. 그러면서 앉아 있는 청중들을 관찰할 겁니다. 자신을 체크할 필요는 없어요. 연설자가 청중들과 진정으로 교감하고 있는지 아닌지가 중요하죠."

우리는 항상 자신이 한 일에 대해 즉각적이고 직접적인 평가를 듣고 싶어 한다. 그리고는 평가에 대해 좀 더 명확히 이해해기 위해 이런 식으로 질문한다. "무엇이 욕구를 만들어낼까요?" 만약 어떤 사람의 목표가 유명해지는 것이라고 말한다면 왜 유명한 사람이 되고 싶은지 물어 봐라. 대부분의 대답은 이럴 것이다. "유명한 사람은 일반 사람들과는 달리 창의적인 것을 만들어내고 차이를 만들어낼 수 있거든요." "그럼 당신도 다른 사람의 이목을 끌수 있는 것들을 만들어내면 되잖아요. 노력 여하에 따라 지금 당장이라도 할 수 있는 일이잖아요. 굳이 유명해질 때까지 기다릴 필요가 뭐 있어요? 새로운 것에 대한 의지가 있는데. 지금 시작하면 미래에 유명하게 될지 몰라요. 지금부터 실행해 옮기세요. 그렇게 미래를 만들어 나가세요."

우리는 사람들이 가진 가장 나약한 부분들을 제거할 수 있도록 지도할 수 있다. "나는 지금 갖고 싶은 것들이 너무 많지만 현재의 나는 도저히 그것들을 가질 수가 없어."라고 말하는 사람이 있다면, 그들이 갖고 싶은 것을 가질 수 있도록 이끌어주어라. 그리고 그들의 사고방식을 다음과 같이 전환할 수 있도록 훈련시켜라. '나는 현재 내가 원하는 것을 얻기 위한 과정에 있다.'라고. 조용한 명상의 시간을 통해 이런 생각들을 계속해서 머릿속에 되새기도록 도와줘라. 그 시간들을 통해 깨닫게 될 것이다. '지금 나는 원하는 것을 얻기 위한 과정에 있으며 좀 더 있으면 그것을 얻을 수 있게 될 거야.'

> 조용한 명상의 시간을 통한 자기반성은 효과적인 행동을 불러일으킨다.
>
> – 피터 드러커 Peter Drucker –

## 제14장을 읽은 후 당신이 따라야 할 3가지 행동 단계 :

- 당신의 삶에서 가장 얻고 싶어 하는 물질적인 목록들을 세 가지만 적어 보라. 보트, 주택, 홈시어터 등 뭐든지 원하는 대로 적어 보라. 그리고 그 목록 아래에 충분히 여백을 남겨 놓아라.

- 이제 왜 그것들을 원하는지에 대해 적어 보라. "이것은 나에게 무엇을 가져다 줄 것이다." 또는 "이것이 의미하는 바는 무엇이다." 이런 식으로 적어 보라. 그리고 그것들을 얻기 위해 현재 당신이 어떤 사람이 되어야 하는지를 생각해 보라.

- 마지막으로 당신이 그런 사람이 되기 위해 현재 사용할 수 있는 방법이 무엇인지에 대해 생각해 보라. 이를 계속해서 연습하다 보면 당신은 팀원들이 갖고 있는 욕망의 전체적인 그림을 읽을 수 있게 될 것이다. 또 그들이 원하는 것을 얻을 수 있도록 도와줄 수 있게 된다. 부하 직원들은 무간섭형 관리자를 통해 자신의 인생에서 있어서 가장 최고의 것을 선물 받았다고 느끼게 될 것이다. 그들은 다가올 미래를 위해 현재의 시간을 저축하고 있는 것이다. 새롭게 다가올 미래들을 바라보면서 부하 직원들은 현재의 자신의 모습에서 자유로워질 수 있다.

.

THE

# HANDS-OFF
# MANAGER

제15장

# 영혼의 세계, 정신의 세계,
# 육체의 세계

이 세상에서 가장 소중한 천연자원은 숲이나 들판에 있는 미네랄 등이 아니다.

가장 소중한 자원은 멈추지 않는 사람들의 살아 있는 정신이다.

— 신시아 커시 Cynthia Kersey —

나는 최근 부동산 업계의 한 영업팀 팀장인 마일로를 만나 지도한 적이 있다. 그는 팀에서 유능한 직원을 찾는 것과 오랫동안 붙잡아두는 일이 얼마나 어려운지에 대해 호소했다. 또한 그는 불안정한 고용시장과 요즘 젊은이들의 무책임한 태도 그리고 형편없는 회사 내의 인사체계에 대해 불만을 털어놓았다. 그러나 사실 이런 것들은 그가 외부의 세계에 표출하는 하나의 감정에 불과했다. 그의 문제는 잘못된 신뢰 체계를 갖고 있다는 것이었다. 그의 이야기를 듣다가 그가 말하는 의미를 명확히 이해하기 위해 이렇게 물었다.

"그 말은 무슨 뜻인가요?"

"팀 내의 직원들은 모두 반발심만 많고 반항적이에요. 정말 웃기지도 않아요. 실력 있는 소수 정예만 데리고 일을 하는 게 이보다 더 나을 겁니다. 그 이상은 바라지도 않아요."

"그럼 당신의 팀을 그런 팀으로 만들어 봐요."

"뭐라고요?"

"그런 팀을 만들어 보세요. 생각만 하고 있지 말고 실행에 옮기라고요."

마일로는 잠시 동안 생각할 시간을 가졌다. 그리고는 그런 팀을 만들 수 있는 방법에 대해 천천히 궁리하기 시작했다. 결국 그는 회사 내의 모든 사람들이 인재채용 과정에 참여해야 한다고 결정을 내렸다. 그리고 그는 보상체계를 바꾸어 사람들이 회사에 장기적으로 남아 있을 수 있도록 하기 위한 인센티브를 제공하기로 했다. 이런 모든 변화는 그의 내적 변화에서 비롯되었다. 기존의 사람들이 가진 문제를 고치려고 노력하는 것은 헛된 일이라는 것을 깨달았던 것이다. 이미 기록된 역사를 어떻게 취소시킬 수 있겠는가? 절대로 불가능하다. 단지 모든 일들은 시간의 흐름에 맡기고 내면의 세계로 뛰어들기만 하면 된다. 그것이 바로 진정한 변화를 이끌어내는 출발점이다.

## 성공은 세 가지의 세상에서 다가온다

성공을 위한 조건이 있다. 바로 내면에 갖고 있는 것을 발견하여 창의적으로 세상에 드러낼 수 있는 능력이다. 여기서 말하는 세상이란 우리의 일상을 둘러싼 모든 세상을 말한다. 이런 세상은 의식의 세상, 정신적, 물리적(신체적) 세상을 모두 의미한다. 성공 조건들은 모두 이 세 가지 세상 안에서 있다. 듀웨인이 이 세 가지의 세상에 관한 자신의 이론을 설명해 주기로 했다. 그래서 어느 일요일 아침, 나는 녹음기를 들고 다시 그의 집을 찾아갔다. 녹음기가 돌아가는 동안 그는 자신이 만든 다이어그램을 보여주며, 세 가지의 세상에 대해 설명하기 시작했다.(이 다이어그램은 이번 장의 마지막 페이지에 있다.)

"당신은 가시광선 스펙트럼의 과학적 분석에 관하여 들어보았을 겁니다. 그 스펙트럼을 잘 들여다 보면 적외선에서 저속파로 떨어질 때 매우 작은 섹터들이 보입니다."

바로 이 섹터들이 핵심이다. 성공이란 일련의 작은 섹터들의 연속처럼 우리에게 천천히 다가온다. 인생의 전체는 바로 이런 스펙트럼과 같다.

"그 섹터들이 의미하는 게 뭔가요?"

"우리는 같은 시간, 같은 시대에 우리 내면에 존재하는 세 가지의 세상에 살고 있습니다. 이 세상을 이해할 때 가장 중요한 것은 우리가 이 세 가지의 세상 중에서 어느 세상에 집중하느냐입니다. 우리는 성공 가능성이 있는 곳에 우리의 힘과 노력을 쏟아야 합니다. 짐작하겠지만 물리적인 세상은 아니죠."

물론 대부분의 사람들은 물리적인 세상에 집중하며 살아간다. 그러나 물리적인 세상이란 단순히 결과물을 보여주는 세상일 뿐이다. 이미 결과를 봤다면 어떻게 변화를 이루어낼 수 있겠는가? 때는 이미 늦었는데 말이다.

"물리적 세상은 결과와 운명을 보는 것 이상의 의미가 없지요. 그래서 진정한 변화는 외부가 아닌 내면에서 일어날 수 있도록 해야 합니다. 우리의 관점은 외부가 아닌 내적인 곳을 볼 수 있도록 전환해야 해요."

외적인 사건에 집중할 때 변화와 차이를 만들 수 있는 우리의 능력은 크게 줄어든다. 우리는 운명의 결과를 보기 이전에 이런 사고방식으로 신속히 전환해야 한다. 즉, 우리가 가진 정신(직관력과 영감)과 의식(생각과 계획)에 더 집중해야 하는 것이다. 정신적인 세상과 의식의 세상이 바로 우리의 자유의지와 선택을 실행으로 옮겨야 할 진정한 영역이자 공간이다.

"우리는 내일의 태양이 떠오르는 것에 대해 결정할 수 있는 권한이 없어요. 마찬가지로 다른 사람들이 어떻게 행동하고 어떻게 반응하는지에 대해 선택할 권리도 없지요. 하지만 적어도 우리는 어떤 사람이 될 것인가에 대한 선택의 권한은 있습니다."

우리는 내면에서 일어나는 생각이나 목표, 동기 이상으로 행동할 수 없다.


"내면을 변화시키지 않고도 행동할 수 있다고 주장하고 싶다면,

그건 큰 오산입니다. 그것은 꿈속에서 사는 것이지 현실의 세계를 사는 게 아니에요."

## 빙산의 법칙

직장인들을 대상으로 한 조사에 따르면, 직장에 대한 가장 큰 불만은 사사건건 일일이 간섭하는 상사들이다. 이는 곧 관리자들이 문제에 대해 직접 개입하는 것이 얼마나 좋지 않은 영향을 끼치는지를 보여준다. 측정할 수 있는 또 다른 사실은 관리자들이 문제의 근본적인 원인을 제대로 파악하지 못한다는 것이다. 그러나 무간섭형 관리자들은 앞에서 언급한 '세 가지의 세상'에 대해 잘 알고 있다. 그들은 정신과 의식의 세상에 대한 전문가들이다. 그래서 정신적인 세상이 우선이라는 것과 모든 세상은 서로 연결되어 있다는 것 그리고 잠재력에는 한계가 없다는 것을 잘 알고 있다.

듀웨인은 이렇게 말했다. "의식의 세상은 우리 안에 있는 또 다른 세상이죠. 즉 우리의 생각이자 믿음인 것입니다. 또 잘못된 판단이나 믿음은 쉽게 두려움을 불러일으키며, 우리의 감정을 지배하려 하지요."

이런 이유 때문에 우리가 가진 잠재력을 발휘하기 위해서는 부정적인 생각을 흘려보내는 것이 매우 중요하다.

"물론 우리는 물리적인 세상에 대해서도 생각해 보아야 해요."
듀웨인은 자신이 그린 다이어그램을 통해 물리적인 세상에 대해
설명했다. "이상하게 들릴지 모르지만 물리적인 세상이란 상상의
세계입니다."

"어떤 맥락에서죠?"

"물리적인 세상은 우리의 상상력으로 만들어지거든요."

초창기 미국인들은 한때 비난을 받았다. 그들은 깨어 있는 시간
이 상상속의 순간이고 그들이 갖고 있는 꿈이 실제라고 믿었기 때
문이다. 그러나 이를 무조건 틀리다고 말할 수는 없다. 우리가 볼
수 있는 것이 실제로 일어난 일은 아니다. 우리는 발생한 결과를
우리의 생각에 맞추려는 경향이 있기 때문이다.

이를 '빙산의 원칙'이라고 말할 수도 있다.

우리는 빙산을 볼 때 수면 위에 떠 있는 빙산을 볼 수 있는데, 이
는 실제 크기의 10분의 1밖에 되지 않는다. 나머지 90퍼센트의 빙
산은 수면 아래에 있기 때문에 눈으로 확인할 수가 없다.

"우리는 이런 현상을 삶에서도 자주 겪고 있습니다." 듀웨인이
말했다. "물리적인 세상에서 일어나는 형식적인 일들을 보고 판단
하는 것은 실제로 일어나는 사건의 매우 작은 부분에 지나지 않습
니다."

듀웨인은 이를 전기에 비유하며 설명을 덧붙였다. 한때 자신의
친구인 한 전기기사가 중동에 일을 하러 간 적이 있다고 한다. 그

는 도시에서 멀리 떨어진 현지인들을 위해 전선을 연결함으로써 전기를 공급받을 수 있다는 사실을 가르치기 위해 꽤 많은 고생을 해야 했다고 한다. 듀웨인은 말했다.

우리는 전등에 불이 들어올 수 있는 이유가 벽을 타고 내려오는 전깃줄 덕분이라는 걸 알고 있지요. 하지만 그곳 사람들은 그런 사실을 믿으려 하지 않았습니다. 그들은 전기스위치가 천장에 있는 전구와 어떻게 연결되어 있는지를 알지 못했죠. 그렇기 때문에 스위치가 어떻게 전구를 밝히는지도 깨닫지 못한 겁니다. 그런 일이 가능하다는 것을 그들은 상상조차 못했던 겁니다. 아무리 내 친구가 그들에게 전기의 원리를 설명해줘도 전혀 이해하지 못했죠. 심지어는 그들에게 벽토나 벽돌 뒤에 숨겨진 전깃줄을 보여주어도 그 사실을 받아들이지 않았답니다. 단지 그들은 전기를 어둠을 밝히는 마법이라고만 생각했습니다. 그래서 내 친구는 어떻게 해야 이들이 전기의 원리를 깨우칠 수 있을지, 그것을 어떻게 설치할 수 있는지를 가르치기 위해 고민해야 했어요. 미국인들이 이해하는 방식으로 그들은 이해하지 못했습니다. 그 방법은 현지인들에게 적용되는 방법이 아니었죠.

우리는 이런 사람들의 무지에 놀랄지도 모른다. 그러나 듀웨인은 우리 모두가 그들처럼 무지하다고 말한다. "우리는 벽 안 쪽에 있는 전깃줄보다 더 중요한 무언가에 대해, 삶 자체의 스펙트럼에 대해 이해하지 못합니다."


## 내면의 세상이 가장 위대한 장소


우리는 외부 세상만이 진정한 세상이라고 여긴다. 우리는 눈으로 볼 수 있어야 믿기 때문에 외부에 드러나는 것만을 믿는다. 그러나 눈으로 볼 수는 없지만 마음으로 볼 수 있는 90퍼센트의 빙하가 더 창의적인 것들을 만들어내고, 어떻게 더 진정한 성공을 이끌어내는지 알지 못한다.

눈으로 볼 수 없는 세상은 정신과 의식의 세상을 포함한다. 물리적인 세상은 이미 결과이며, 우리가 통제할 수 없는 세상이다. 이런 사실을 알고 있었는가? 직장에서도 새로운 제도가 생겨나면 사람들은 일단 반대부터 하고 본다. 바로 이 반발심이 문제이다. 새로운 제도나 시스템을 긍정적으로 받아들이고 수용할 때, 그 영향력은 정신과 의식의 세상에 힘을 실어준다. 그리고 이 영향력의 결과는 마지막에 물리적인 세상에서 드러난다.

무간섭형 관리자는 계속해서 이렇게 말한다. "결과가 아닌 과정에 집중하라." 이 과정은 바로 기계 안에 있는 정신과 의식이며, 당신 조직의 심장이기도 하다. 우리가 과정에 집중하기 시작하면 성공은 자연스럽게 따라온다. 만약 당신이 신뢰할 만한 상품을 고객에게 제공할 수 있고, 고객 서비스를 보장하는 내면의 과정을 갖고 있다면, 더 이상 성공의 법칙에 대해 고민할 필요가 없다. 내면의 과정에 대한 충실은 성공을 자연스럽게 불러오기 때문이다. 내면의 과정에 집중하는 순간 창의력도 우리의 것이 된다.

어디서나 어려움은 존재하기 마련이다. 위기의 순간마다 우리가 결과에만 집착하고 무엇으로 어떻게 대응해야 하는지를 보지 못한다면, 이는 마치 아무런 재료나 조리법도 없이 맛있는 케이크를 완성하고자 기대하는 것과 다를 바가 없다. 우리는 무에서 유를 만들어낼 수 없다. 무간섭형 관리자는 '유'를 만들어내기 위해 창의적인 과정과 내면의 세계에 집중하고 에너지를 쏟는다. 당신 또한 이렇게 할 수 있다. 우리는 모두가 내면의 세상에 생각을 집중하고 고정시킬 수 있다. 바로 내면의 세상이 우리의 삶에 영향력을 미칠 수 있는 가장 위대한 장소인 것이다.

> 세상에는 두 가지의 위대한 힘이 있다. 하나는 검이고 다른 하나는 사람의 정신이다.
>
> 그 중에서 한 가지만을 꼽으라고 한다면 사람의 정신은 검보다 훨씬 더 위대하다.
>
> — 나폴레옹 보나파르트 Napoleon Bonaparte —

정신의 세상은 가장 본질적인 세상이다. 이곳에서 당신은 자신에 대해 배우고 깨달을 수 있다. 그곳은 당신이 갖고 있는 무한한 잠재력과 더 높은 차원의 자아 그리고 당신이 누구인지를 알게 해 주는 최고의 장소이다.

의식의 세상은 자아의 세상이다. 자아는 당신의 경험에 다가갈 수 있게 해 주고, 정체성을 확인해 주기 때문에 당신의 자아는 가치가 있는 것이다. 또한 자아는 다른 사람과 우리를 구별해 줄 뿐만 아니라 물리적인 세계에서 유일한 존재인 우리의 역할을 찾아준다.

물리적 세상은 단지 활동하는 세상이다. 우리는 이곳에서 내면의 가치에 따라 행동한 결과들을 볼 수 있다.

한 마디로 압축한다면 정신의 세상은 가능성의 세상이고, 의식의 세상은 선택의 세상이며, 물리적 세상은 운명의 세상인 것이다.

이제 우리는 진정한 변화를 이끌어낼 수 있는 곳에 집중하기만 하면 된다. 우리가 진정으로 변화를 원한다면 정신과 의식의 세상에 집중할 수 있어야 한다. 정신적인 세상을 통해 우리는 아이디어와 영감과 통찰력을 얻을 수 있다. 의식의 세상은 당신이 계획을 만들어내는 곳이다. 이곳은 당신이 세상에 기여하기 위해 사고와 분석, 초점과 주의를 활용할 수 있게 욕구를 만들어내는 곳이다.

물리적 세상은 단지 사건의 세상이고 정보의 세상이다. 이곳은 결과가 일어나는 곳이며 데이터가 수집되는 곳이고, 목적이 드러나는 곳이다. 결과가 나타나는 행동의 마지막 단계인 것이다.

# 믿음이 없이는 성공할 수 없다

월터는 작은 제조업체를 운영하는 사람으로 날마다 어떻게 하면 더 나은 상품을 만들어낼 수 있을지 고민했다. 한편으로 그는 보수적인 간섭형 관리자이기도 했다. 그래서 항상 고객들이 갖고 있는 상품에 대한 불만들을 토대로 직원들에게 화를 내고 짜증을 부리곤 했다. 그러나 그는 생산라인에 대해서는 그 어떤 변화도 이끌어내지 않았다. 그는 결과를 변화시키려면 재료와 과정부터 바꾸어야 한다는 사실을 알지 못했다. 결과를 창조하는 재료는 우리의 내면의 세상에 있지 외부 세상에 있는 것이 아니다. 결국 월터는 크게 실패하고 말았다. 우리가 진정한 차이를 만들어내고자 한다면 내면의 세계에 집중하는 것부터 시작해야 한다. 그곳에 우리의 잠재력이 있다. 단지 세상에 일어나는 일에만 관심을 갖는다면 결코 차이를 만들어내지 못한다. 왜냐하면 모든 결과는 우리의 내면을 비추는 거울과 같기 때문이다. 외부 세상은 우리의 내면을 반영할 뿐이다. 듀웨인은 또 이렇게 말했다.

사람들이 막 경험한 것은 결코 최종적인 결론이 아닙니다. 나는 부하 직원들이 이를 이해할 수 있도록 하기 위해 노력합니다. 그들은 과정을 보고 결과라고 착각하지요. 그래서 많이 힘들어들 합니다. 나는 그들에게 이렇게 이야기해 주곤 합니다. 사실 그 자체는 바로 당신의 생각일 뿐이라고. 또한 그런 생각들은 당신의 신뢰에 대한 결과이자 과거에 생각하고 있던 것들이기도 하지요. 그리고 당신이 겪은 경험에 대해 느끼는 감정들입니다. 즉 당신이 사실이라고 생각하는 것들이 실제로는 사실이 아닐 수 있는 거지요. 이번에 실패했다고 해서 다음에도 실패할 것이라 말하지 않습니다. 그리고 성공의 가능성을 믿고 있지 않다는 사실은 반영합니다. 왜냐하면 삶은 당신이 믿는 대로 되니까요.

　삶은 우리가 원하는 것들을 가져다주지 않을 것이다. 삶은 우리가 믿고 생각하는 것을 가져다줄 것이다. 믿음이 없이 우리는 성공하지 못한다. 이는 곧 내면의 결핍과 공허함을 나타낼 뿐이다.
　우리가 원하는 것에 대해 생각을 멈추려면 어떻게 해야 할까? 매우 간단하다. 무언가를 얻으려 하기보다는 먼저 당신의 생각을 바꾸면 된다. 당신은 변화를 만들어낼 수 있다고 믿어야 한다. 그러면 당신은 성공이 외부가 아닌 내면에서 시작되고 있음을 느낄 수 있을 것이다. 이런 잠재력은 우리가 믿을 때 정신세계에서 나타난다.

> 모든 사람은 다른 사람과의 접촉을 피할 수 없다.
> 그렇기 때문에 다른 사람에 대해 갖는 모든 복수심, 공격성, 반발감 등을 거부하려고
> 날마다 노력해야 한다. 그리고 그 노력의 시작은 사랑에서 출발해야 한다.
>
> — 마틴 루터 킹 목사 Dr. Martin Luther King, Jr —

# 마틴 루터 킹 목사의 위대한 꿈

세 가지 세상을 모두 활용했던 최고의 사례와 최악의 사례를 보여준 두 사람이 있다. 바로 마틴 루터 킹과 말콤 X이다. 말콤 X는 세상에 존재하는 모든 인종차별을 없애기 위해 노력했다. 그의 방식은 인종차별이 옳지 않으므로 그것을 완전히 제거해야 한다는 것이었다. 그는 자신이 생각하기에 정당한 분노라고 생각했던 인종차별을 없애기 위해 물리적인 세상에서 과격한 행동을 취했다. 즉 그는 하나의 세상에서만 살았던 것이다. 그는 빙산의 작은 부분만을 제거하기 위해 노력했다. 마틴 루터 킹 목사는 이와는 다르게 접근했다. 그는 내면으로 들어가 자신의 정신세계와 먼저 접촉했다. 그는 비전에 대해 묵상하고 기도하는 방법을 알고 있던 목사였다. 이런 묵상의 시간을 통해 자신의 정신적 세상에 도달했을 때, 세상에 대고 이렇게 외쳤다. "나에게는 꿈이 있습니다."

킹 목사의 꿈은 흑인과 백인이 같은 학교와 같은 식당에 들어가고 법적으로 똑같이 대우받는 것이었다. 그것이 바로 그의 꿈이었다. 그는 꿈에 대해 이야기하면서 인종차별에 대해서는 언급하지 않았다. 그에게 있어서 인종차별이란 이미 과거의 일이기 때문에 그는 더 이상 자신의 꿈에서 인종차별에 관한 문제를 언급하지 않았다. 우리는 아직까지 마틴 루터 킹을 기리는 날을 공휴일로 제정하고 그의 꿈에 대해 기억하고 있다. 그러나 말콤 X를 위한 공휴일은 없다. 그의 명석함과 용기에도 불구하고 그의 영향력은 오래 지속되지 않았다. 그가 살았던 잠시 동안에는 추종자들을 불러일으킬 만한 연료 역할을 할 수 있었지만, 그는 그 이상의 새로운 것은 창조해내지 못했다. 그러나 마틴 루터 킹 덕분에 세상은 크게 달라졌다. 그는 정신, 의식의 세계에서 출발했다. 결코 물리적인 세상에서부터 출발하지 않았다. 그런데도 그의 시작은 결국 물리적인 세상에 닿았다. 그리고 더 큰 결과를 가져왔다. 이는 우리들 삶의 방식과는 확연히 다르다. 우리는 외부에 드러나는 문제에 대해 너무나 자주 불만과 불평을 터트린다.

세상에서 가장 큰 영향력을 끼친 많은 위인들을 살펴보면 그들이 항상 내면의 아이디어를 가진 사람들이었음을 알 수 있다. 예수, 간디, 토마스 에디슨, 잔 다르크, 마틴 루터 킹, 부처 등이 바로 그들이다. 그들은 우리의 생각과 철학 그리고 믿음에 큰 영향을 끼쳤다. 이들은 세 가지 세상을 모두 활용함으로써 우리에게 많은 영향을 미칠 수 있었다.

## 내면의 과정에 집중하라

우리가 갖고 있는 잠재력을 깨닫기 위해서는 재료와 과정에 집중해야 한다. 내면의 과정을 살펴봐라. 그리고 그 과정을 통해 결과가 일어나도록 해라. 과정을 통해 자연스럽게 결과가 생산되도록 하라. 이것이 바로 차이를 만드는 방법이며, 영향을 미칠 수 있는 사람이 되는 길이며, 물리적인 세상에 일어났던 사건들을 변화시킬 수 있는 사람이 될 수 있다.

독립선언은 새로운 국가와 새로운 정부에 대한 문서이다. 우리의 헌법은 아이디어다. 이런 아이디어들은 세 가지의 세상에서 살고 있는 사람들을 통해서만 만들어질 수 있다. 그들은 자신들의 잠재력을 알아보고 그것을 통해 아이디어를 만들어낸다.

미국 정부는 현재 열심히 노력하고 있다. 언론이나 그 밖의 기사거리가 되었던 기업들의 횡포를 통제하기 위해 온갖 수단들을 동원하여 감시하고 통제한다. 그들은 모든 절차와 문서화, 추가적인 감시 등을 통해 기업이 소비자로부터 불법적인 이득을 챙기는 것을 방지하려고 노력한다. 그러나 이런 문제들은 감시나 통제가 아닌 내면의 변화에서부터 근본적으로 해결할 수 있는 것들이다. 사람들을 착취의 대상으로 보지 않는 회사들은 감시를 받을 필요가 없다. 그들은 고객들을 고객으로 대하지 이익을 추구하기 위한 대상으로 보지 않는다.


우리는 항상 무엇이 가능한지를 찾으려 하기보다는 잘못된 것을 고치려 노력한다. 그러나 고치는 것은 도움이 되지 않는다. 단지 일을 더 심각하게 만들 뿐이다. 미국의 한 국영기업인 정리신탁공사Resolution Trust Corporation는 저축대부조합S&L의 지급불능상태를 해결하기 위해 부실채권을 증권화하여 유동성을 늘렸다. 그러나 무수익 자산을 수익자산으로 교환해주는 것은 은행 주주들에게 공공 자금으로 횡재를 안겨 주는 셈이 되었다. 이것은 정리신탁공사의 실패라고 할 수 없다. 이 회사를 통해 시장에 개입한 국가 정책의 실패였다. 이미 일어나 버린 결과를 어떻게든 뒤집어보려고 노력한 전형적인 사례라고 할 수 있다.

전체적인 시스템을 바꾸는 것은 결과에 큰 영향을 미친다. 운동장에서 뛰어노는 아이들을 관찰해 보아라. 한 아이가 이야기하는 것은 다른 아이들에게 영향을 미친다. "우리 오늘은 뭐 하고 놀지?" "음, 이건 어때?" 그러면 아이들이 우르르 몰려와 무엇을 하고 놀지를 그 아이에게 물어본다. 그 아이가 "모래성을 짓자."라고 말한다면 아이들은 모두들 좋아라 하며 함께 모래성을 짓기 시작할 것이다. 여기에는 세 가지 세상이 모두 존재한다. 제안을 한 아이에게는 아이디어에 대한 정신과 영감이 있다. 그리고 모래성을 짓는 방법은 마인드의 세상에 속한다. 마지막으로 아이들이 만들어내는 모래성은 물리적 세상의 결과이다. 신선한 아이디어보다 더 영감 있는 것은 없다. 이것은 모래성이 어떻게 지어지는지에 관한 모든 것을 포함한다. 아이디어와 영감이 없이는 우리는 결과적으로 모래성을 볼 수 없기 때문이다.


대부분의 사람들은 자신의 직장에 불만을 갖는다. 그곳에는 모래성도 없고, 보상체계도 변변치 않은 데다가 업무 환경도 좋지 않다. 우리는 항상 물리적 세상에 있는 부족함을 먼저 발견한다. 변화를 만들어낼 새로운 아이디어를 먼저 보지 못한다.

우리가 함께 일했던 대부분의 간섭형 관리자들은 늘 항상 정신 없이 바빴다. 그들은 이미 가라앉고 있는 타이타닉 호를 고치기 위해 애를 써왔다. 그들은 자신이 현실에 있는 문제를 해결하고 있는 중이라고 착각한다. 그러나 그들은 결코 세 가지 세상이 어떻게 함께 어울려 작동하고 있는지를 볼 수 없으므로 전체적인 시스템도 보지 못한다.

물리적 세상이 의식의 세상으로 확장되는 것은 뉴턴의 전통적인 인과관계 이론에 대해 반박하는 것과도 같다. 왜냐하면 이 이론만을 갖고는 무한한 시간과 공간의 창조력을 설명하지 못하기 때문이다.

이제는 관리자로서 우리가 마음을 열어야 할 때이다. 이것은 일터에서의 큰 혁명이다. 듀웨인의 차트를 살펴보아라. 이 차트를 통해 우리는 우리가 살고 있는 세 가지 세상이 어떻게 연결되어 있는지를 살펴볼 수 있다. 직관은 마인드와 정신의 세계에 있다. 이는 다섯 가지 감각을 보여주는 물리적 세상과 연결된다. 또한 우리의 삶속에 일어나는 모든 판단과 믿음을 통해 우리는 물리적 세상의 결과를 경험한다. 그리고 마인드는 이러한 요소를 통제하고 개념과 결과의 연결고리 역할을 한다.

창조적 과정 – 세 가지의 세상에 대한 이해

우리는 발생하는 일들의 전부를 이해할 수 없다.

| 정신의 세계 | | 의식의 세계 | | 물리적 세계 |
| --- | --- | --- | --- | --- |
| 정신 | | 마인드 | | 몸 |
| 보편성 | | 개인 | | 상상력 |
| 개념 | | 창조 | | 표현 |
| 의무 | | 자아 | 다 | 활동 |
| 가능성 | | 선택 | 섯 | 운명 |
| 이해 | 직 | 경험 | 가 | 사건 |
| 지혜 | 관 | 지식 | 지 | 정보 |
| 아이디어 | | 생각 | | 결과 |
| 지식 | | 의견 | 감 | 데이터 |
| 통찰력 | | 분석 | 각 | 목적 |
| 영감 | | 집중 | | 결과 |
| 잠재력 | | 초점 | | 행동 |

직관과 다섯 가지 감각은 세 가지 세상의 연결고리이다.

- 직장에서 드러나는 외부 세상에 대한 불만이나 개선되기를 바라는 세 가지 상황과 시스템에 대해 적어 보라.

- 각각의 목록들 아래 '정신' '의식' 그리고 '물리' 라고 적어라.

- 그리고 그 세 가지 항목에 대한 과거를 추적해 보아라. 원래의 추진력과 동기(정신)는 무엇이었는지, 무엇을 어떻게 이루고자 했었는지(의식)에 대해 다시 한 번 살펴보아라. 그리고 새로운 시스템을 위해 당신이 지금부터 할 수 있는 일에 대해 생각해 보자.

제16장

# 코치로서의
# 무간섭형 관리자

우리의 인생에서 가장 필요한 사람은 우리가 할 수 있는 일을 하게 해 주는 사람이다.

— 랠프 월도 에머슨 Ralph Waldo Emerson —

무간섭형 관리자는 훌륭한 코치이다. 그들은 우선 직원들이 코치를 제대로 받아들일 수 있도록 환경을 조성한다. 또한 그들은 코칭 과정에 매우 숙련되어 있다. 그들은 비난과 판단 그리고 수정을 통해 결과를 만들어내려는 간섭형 관리자들의 역할을 완벽하게 대체한다. 무간섭형 관리자는 직원들을 코치하여 그들의 재능을 드러내게 함으로써 일터에서 더 큰 성과들을 이루어낼 수 있도록 내면의 세계에 집중한다. 또한 내면과 외면의 세계를 적절히 조화시킨다.

　레지스는 하이테크 회사에서 일하고 있는 직원이었다. 그는 하루 종일 칸막이의 작은 방에 앉아 컴퓨터를 갖고 일해야만 했다. 그가 하는 대부분의 업무들은 매우 비생산적으로 진행되고 있었다. 그가 맡은 일은 정말 비인간적 업무들이었다. 그는 또한 업무 시간과 우선순위를 제대로 분배하지 못했기 때문에 때때로 중요하지도 않은 업무들에 너무 많은 시간이나 노력을 허비하기도 하였다. 이런 모든 것들로 인해 그의 생산성은 크게 저하되었으며 일의 흐름 또한 쉽게 끊기곤 하였다. 레지스는 코칭이 필요한 사람 1순위였다. 다행히도 그의 관리자인 마크는 나에게 무간섭 관리원칙을 훈련받은 사람이었다. 그래서 사람들에게 이런 관리원칙을 전하는 것을 전혀 꺼려하지 않았다. 그는 곧 레지스를 찾아가 이렇게 말했다. "우리 같이 일해 봅시다. 당신에 대해 내가 코치해 줄 수 있는 게 있어요. 나는 그것을 꼭 당신에게 전해야겠어요."

레지스는 당황했고 코칭이 무엇을 뜻하는지도 몰랐다. 그는 이것이 자신을 얼마나 위대하게 변화시킬 수 있는 것인지에 대해서도 전혀 알지 못했다. 또한 그는 마크가 코치를 받았다는 것과 이것이 그의 삶에 있어서 얼마나 큰 경험이었는지에 대해서도 알지 못했다. 그래서 마크가 그에게 이런 이야기를 꺼내자마자 레지스는 귀를 막아 버렸다. 그는 '코칭'이라는 말을 듣는 순간 이렇게 오해를 했다. "코칭? 어디 보자. 코칭이라면 비판하는 거 아닌가? 나한테 문제가 있다는 소린가? 즉 내가 일을 제대로 하고 있지 않아서 지금 상사한테 불려가고 있다는 건가?"

방어는 전쟁의 첫 번째 행동이다.

— 바이런 케이티 Byron katie —

이는 레지스의 심기를 매우 불편하게 만들었다. 그래서 그는 심리적으로 코칭에 대한 방어 태세를 갖추려 하였다. 그는 자신이 처한 문제를 해결할 만한 적절한 방법을 찾기보다는 자신의 업무 처리 방식을 어떻게 하면 자신의 상사로부터 방어할 수 있는지에 대해서만 고민한 것이었다. 레지스는 두 사람이 함께 모여 코치를 주고받는 시간을 통해 현재 주어진 문제들에 대한 가장 좋은 해결책을 찾을 수 있다는 사실을 알지 못했다. 코칭을 이미 받은 사람은 그것이 얼마나 유익한지에 대해 잘 알고 있다. 반면 코칭에 대해 전혀 모르고 있는 사람들에게는 그들의 방어막만 높이게 될지도 모른다.

대부분의 사람들은 '코칭'이라는 단어에 이런 식으로 반응하곤 한다. 그런 의미에서 레지스와 같은 사람들을 코치하기 위해서는 그들이 코칭의 뜻을 제대로 이해하고 대화의 무대로 용감하게 올라설 수 있도록 명확히 설명해 줄 필요가 있다. 무간섭형 관리자의 또 다른 임무인 코칭이 무엇인지에 대한 그들만의 정확한 정의를 내려야 한다는 것이다. 코칭이 사람들에게 얼마나 유익한 것인지에 대해 제대로 이해시키지 못한다면 그들은 분명 코칭에 대한 반발심만 갖게 될 것이다.

## 코칭은 현재와 미래를 디자인한다

코칭에 앞서 사람들은 이런 생각을 갖고 대화에 임해야 한다. '이 대화는 나에게 커다란 유익을 준다. 이전에 일하던 회사에서는 이와 같은 관심을 받지 못했지만 그래도 이 회사에 와서 이런 코칭을 받게 된 것에 대해 나는 매우 감사하게 생각한다. 나는 이 시스템에 대해 매우 기대가 높다.' 무간섭형 관리자들은 코칭을 시작하기 전에 코치를 받는 사람들이 이런 생각을 가질 수 있도록 확신시키는 것이 얼마나 중요한 일인지를 깨달아야 한다. 그래서 사람들에게 코칭이 얼마나 큰 도움이 될 수 있는지에 대해 분명히 알려 줄 필요가 있다.

우선은 당신의 팀에 가장 적합하게 적용될 수 있는 코칭에 대한 명확한 정의를 만들어라. 이것은 팀원들이 쉽고 정확하게 이해할 수 있는 것들이어야 한다. 코치를 하는 사람이나 받는 사람 모두에게도 쉽게 받아들일 수 있을 만한 정의가 되어야 한다.

정확히 코치가 의미하는 것은 무엇일까? 코칭과 리딩의 차이점은 무엇일까? 그리고 코칭과 정신치료법의 다른 점은 무엇일까? 많은 사람들에게는 이런 차이점이 불분명하기 때문에 코치를 받는 것을 주저하는 경우가 많다. 그들은 이것이 마치 정신치료법과도 비슷한 것이라 오해하고 두려워하는 것이다. 왠지 라이프코칭을 생각할 때 사람들은 흔히들 사이비 교주들이나 점쟁이들과 앉아서 영혼에 대해 이야기를 나누는 것이라 생각한다. 라이프 코칭이라는 단어는 뭔가 자신이 속한 조직을 더 효율적으로 변화시킬 수 있는 성공을 위한 법칙이라고 느껴지지 않는 것이 일반적이다. 하지만 코칭은 이와 전혀 다른 것이며 실제로 효과가 큰 방법이다. 실제로 코칭이란 스포츠와 같은 수행의 세계에서 나온 단어이다. 이 스포츠에서 쓰이는 단어를 조직을 변화시키기 위한 방법에 대해 비유한 것뿐이다.

스포츠계에서 쓰이는 코칭이란 코치나 매니저가 선수들과 선수들의 능력을 키워 그 팀에 기여하기 위해 일을 할 때를 가리킨다. 그리고 이것은 비즈니스에서 팀원과 조직을 위해 사용되는 코칭과 매우 흡사하다. 경영한다는 점에서 조금 다르긴 하더라도 적어도 정신요법을 의미하는 것은 아니다. 우선 코칭과 정신요법의 차이점이 무엇인지에 대해서 이야기해 보자. 이에 대해 오랜 시간 동안 나의 멘토이자 영웅이었던 나다니엘 브랜든 박사가 소개한 내용을 함께 살펴보도록 하자.

나는 정신요법을 위해 그와 그의 현명한 아내인 데버스를 찾아갔다. 나를 아는 사람들에게는 충격적인 이야기일지도 모른다. 사람들은 분명 내게는 정신요법 따위는 필요 없을 것이라 생각하고 있었을 테니까. 그러나 분명히 밝혀 둘 것은 이들을 찾아간 것은 나의 정신적 상태를 진단받기 위해서가 아니라 자료조사를 위해서였다. 아이로니컬하게도 이들은 최근 몇 달 사이에 정신요법에서 코칭으로 그들의 방향을 전환하였다. 왜냐하면 그들은 코칭이 갖고 있는 큰 효과를 경험했기 때문이다. 그는 특별히 정신요법과 비교해 봤을 때 코칭이 갖고 있는 더 큰 효과를 볼 수 있었다. 그래서 그가 한 이야기를 보면 코칭이 우리에게 가장 효과적인 생각을 가질 수 있는 가장 좋은 방법이라는 것을 발견할 수 있다. 그는 다음과 같이 이야기했다.

　　최근에 나는 정신요법을 뛰어넘어 라이프코칭을 더욱 더 적극적으로 연구하고 지지할 것이라 밝힌 바 있습니다. 많은 사람들은 이 말을 듣자마자 이 둘의 차이점이 무엇인지에 대해 설명해 달라고 요청했습니다. 기본적으로 정신요법이란 과거나 실패했던 일들로부터 치료받고 수정되어야 한 개개인의 상처가 있다는 것을 전제로 합니다. 그래서 정신요법의 관심은 과거와 현재에 관한 것입니다. 반면 코칭은 고객들이 아직 인식되지 못한 자원들을 갖고 그들의 이루고자 원하는 욕망들을 충족시킬 만한 전략들을 개발시키는 방법입니다. 즉 코칭의 관심은 현재와 미래에 관한 것들입니다. 전통적인 치료요법은 부정적인 것을 찾아내고 그것을 백지화시키는 것이 목표라면 코칭은 사람들의 내면에 있는 긍정적인 것들을 꺼내는 것입니다. 이것은 또한 사람들에게 창조력과 지혜의 영감을 주는 일이기도 합니다. 한 라이프 코치의 말에 따르면 "라이프 코칭은 미래를 디자인하는 것이지 과거를 극복하는 것이 아니다."라고 말했습니다. 라이프 코치와의 관계는 때때로 장기적인 프로젝트가 될 수도 있습니다. 배우고 성장하는 과정에는 끝이 없기 때문입니다. 대다수의 챔피언 운동선수들이나 높은 성과를 이루어내는 비즈니스 경영자들이 자신들의 성공을 지속시키기 위해 코치들과의 오랜 관계를 유지하는 것도 바로 이런 이유에서입니다.

만약 어떤 사람이 근심과 걱정, 심각한 우울증, 낮은 자존감으로 인해 고통 받고 있다면 그에게 필요한 것은 정신요법이지 코칭이 아닙니다. 그러나 어떤 사람이 기본적으로는 정신적인 건강을 유지하고 있지만 삶의 모습이 좀 더 훌륭하게 채워질 것을 원하고 기대한다면 그에게는 코칭이 더 필요한 것이죠. 코칭은 좀 더 넓은 이슈들을 다루고 있습니다. 일, 재정, 건강, 관계, 교육 그리고 재창조를 모두 포함합니다. 코칭은 우리의 꿈과 우리가 살아가는 현재 간의 갭을 줄여나가는 것입니다.


생산성 향상을 위해 직원들을 어떻게 훈련시키는 것이 가장 좋은 방법인지 아는가? 우선은 관리자들을 코치하고 훈련해야 한다. 그리고 관리자들이 받은 코치와 훈련을 직원들이 똑같이 적용할 수 있도록 직접 그들을 훈련하는 것이다. 이런 훈련을 통해 그 조직이나 팀은 분명 이전보다 훨씬 더 생산성을 올릴 수 있게 될 것이다.

코칭에 있어서 핵심적인 요소는 코치들이 갖는 합리적인 이익이다. 우리는 사람들과 앉아서 그 사람이 갖고 있는 개인적 이해관계를 직접적으로 묻는다. 그래서 그들의 이익을 위해 행하는 모든 일들이 우리의 팀에게 더 큰 생산성을 안겨다 주고 조화로운 분위기를 만들어낼 수 있도록 코치할 수 있다. 결국 직원들을 위해 코치하는 것은 코치를 해주는 우리들(관리자들)에게 또한 큰 이익이 되어 돌아오는 것이다. 우리는 바로 코칭에 있는 우리의 이익을 볼 수 있어야 한다.

그렇다면 경영과 코칭은 어떻게 다를까?

경영은 프로젝트에 초점을 둔다. 관리자는 프로젝트의 성공적인 수행을 이끌어내기 위한 합의를 통해 경영한다. 즉 합의를 통한 경영은 우리가 관리하고 이끄는 직원들을 좀 더 전문적인 수준으로 끌어올리는 것을 의미한다. 그래서 이것은 공동의 목표를 위해 함께 일할 수 있는 전문가들을 육성하는 일이며 이런 직원들과 함께 파트너십을 유지함으로써 동의와 합의를 이끌어내는 과정이다. 이것이 바로 최고의 리더십이다. 우리는 프로젝트와 인풋의 과정 그리고 아웃풋의 과정을 경영한다. 그러나 이것은 사람을 관리하는 것과는 다르다. 단지 사람들과 동의를 이끌어냄으로써 사람들을 리드해 가는 것을 의미한다. 이것은 코칭과는 완전히 다르다. 그렇기 때문에 경영과 코칭의 차이를 명확히 하는 것이 매우 중요하다. 그렇다면 직원들을 리드하고 동의를 구하는 경영과 코칭의 차이점을 무엇인가? 이 둘은 어떻게 다른 것일까?

> 개인적 코치가 하는 역할은 다양하다. 그들은 때로는 테라피스트처럼, 컨설턴트처럼,
>
> 동기부여 전문가처럼, 전문적 조직가처럼, 친구처럼 그리고 잔소리꾼처럼
>
> 당신을 위해 일한다. 그리고 그들은 당신에게 딱 맞는 개별적 훈련방법에 대해 가르쳐 준다.
>
> － 미니애폴리스 － 성 바울스타 － 트리뷴 Minneapolis-St.Paul Star-Tribune －

리더십 훈련에서는 원활한 커뮤니케이션 방법을 알려주고, 팀에게 비전을 보여주고 또 개인에게 비전을 보여주는 방법 등을 가르쳐 준다. 그리고 우리는 사람들과의 합의를 도출해낼 수 있는 방법을 배운다. 리더십 훈련에서 중요한 것은 커뮤니케이션 기술이다. 또한 비전이 팀 내에서 서로 공유되고 있는지를 매우 중요시여긴다. 코칭은 이와 완전히 다르다. 코칭은 두 개인 사이의 대화

이다. 코칭은 두 사람이 무간섭주의 방법으로 어떻게 시너지 효과를 얻을 수 있는지에 관한 것에 초점을 맞춘다. 코칭에서는 무엇인가를 위해 투쟁하려는 개인적인 모습을 옆으로 제쳐두고 이야기한다. "코칭에 대해 마음 문을 열 준비가 되었나요?" 그러면 코칭받는 사람은 이렇게 대답할 수 있어야 한다. "물론이죠. 저는 준비가 되었습니다." 이런 대답을 듣게 되면 코칭은 이미 시작된 것이다. 이것은 두 사람 간의 깊숙한 대화를 용인하는 절차이다. 이것은 코칭의 기본이며 경영이나 리더십과 다른 부분이기도 하다. 둘 중 한 사람의 마음이 닫혀진 상태에서는 결코 코칭을 할 수 없다. 우리는 직원들에게 "경영을 할 준비가 되었습니까? 리더십 훈련에 참여할 마음의 준비가 되어 있습니까?"라고 묻지 않는다. 이것은 우스꽝스러운 질문이다. 그러나 코칭을 할 때는 이런 질문이 가능하다. "자, 코칭에 대한 마음의 준비를 끝냈나요? 준비가 되었으면 저에게 알려주세요. 그리고 저와 이야기를 시작하시면 됩니다."

만약 상대방이 "네, 저는 준비가 되었습니다. 나는 코칭을 받는 것이 절실히 필요합니다."라고 말한다면 우리는 비로소 그 사람과 마주 앉아 코칭을 시작할 수 있게 되는 것이다. 코칭에 대한 의미를 제대로 이해하고 있다면 사람들은 코치를 매우 열정적으로 받아들일 것이다. "나는 내가 현재 투쟁하고 있는 것이 무엇인지 알아요. 나는 그 곳에 갇혀서 나올 수가 없었어요. 그래서 내가 해야하거나 할 수 있는 방법으로 삶에 적용하고 있지 못하고 있다는 것을 잘 알고 있습니다. 그래서 나에게 코칭은 무엇보다도 절실한 것입니다." 그러면 우리는 그를 위해 코칭을 시작할 수 있다.

코칭은 경영이나 리더십보다는 멘토링에 가깝다 할 수 있다. 이 것은 조직 내의 개인들의 능력을 이끌어냄으로써 그들이 이루어 낼 수 있는 최고의 수준에서 수행할 수 있도록 돕는 것이다. 그것 이 바로 코치가 하는 일이다. 우리는 코치를 받는 사람들이 진정으 로 원하는 일을 발견할 수 있도록 도울 수 있다. 이것은 코칭의 과 정을 통해 그들이 가진 힘의 원천과 그들을 연결시켜줌으로써 가 능하다. 그렇다면 내가 계속해서 이야기하고 있는 코칭의 과정이 란 과연 무엇일까? 그리고 우리가 누군가를 코치할 때 해야 하는 일은 어떤 것들이 있을까?

## 불필요한 충고를 멈춰라

많은 사람들은 코칭이 사람들에 대해 충고하는 것이라고 생각 한다. 물론 이것도 좋은 방법이긴 하다. 그러나 충고란 진정한 코 칭이 아니다. 그저 충고하는 것일 뿐이다. 코칭은 더욱 세련된 기 술이다. 왜냐하면 코칭은 더 큰 그림을 볼 수 있도록 하기 때문이 다. 우리가 코칭을 할 때 가장 먼저 해야 하는 일은 다른 사람들에 대해 이해하는 것이다. 우리를 이해시키기 위해 그들을 설득하는 것이 아니다. 코칭에서 있어서 가장 중요한 부분은 직원들의 내면에 있는 세상의 중심을 발견하기 위해 노력하는 일이다. 그들이 현재 갖고 있는 감정은 어떤가? 무엇을 생각하고 있는가? 무엇을 바라보고 있는가? 사람들이 삶을 보는 방법을 볼 수 있게 되면 그들이 원하는 것을 할 수 있도록 도와주기만 하면 된다. 그들만의 방법을 찾아주고 그렇게 할 수 있도록 허락하기만 하면 된다. 그들의 내면의 세계로 들어가서 그들이 원하는 것을 우리가 볼 수 있게 된다면 우리는 코치를 하기 위한 준비과정을 마치는 것이다.

그렇기 때문에 코칭의 첫 번째 의무는 그들을 있는 그대로 받아들이는 것이다. 많은 질문들을 점잖게 던지고 그들이 가진 목적과 내면의 동기를 알기 위해 그들과 함께 교감해라. 그들이 무엇을 성취하길 원하는지, 어떤 노력을 하고 있는지, 일어난 사건들에 대해 어떤 시각을 갖고 있는지를 이해하는 것은 우리에게 있어서 매우 중요한 일이다. 그러니 일단은 많이 듣고 질문함으로써 그들이 많은 이야기를 꺼낼 수 있도록 유도해라. 그들의 대답에 일일이 반응하지 마라. 그들의 생각은 수정될 필요가 전혀 없다.

> 감사란 위로받기보다는 위로하는 것이고, 이해받기보다는 이해하는 것이며,
> 사랑받기보다는 사랑하는 것이다. 이것은 또한 우리가 받는 것을 주는 것이다.
>
> – 성 프란체스코 St. Francis of Assisi –

이 대목이 바로 코칭이 매우 효과적인 이유이다. 우선은 상대방을 이해하고 난 다음에 상대방에게 이해받으려 하는 방법 말이다. 이전의 간섭주의 방식에서는 사람들이 우선 자신을 이해해 주기를 원했다. 그래서 관리자들은 계속해서 자신을 드러내기 위해 이야기하고 또 이야기를 했다. 그리고는 생각하기를 이 정도 말해 놨으면 다들 이해했을 것이라 생각한다. 그래서 사람들이 일을 그르치게 되면 관리자들은 사람들을 불러놓고 이렇게 다시 말하곤 하였다. "당신들이 일을 실패한 이유에 대해서 말해 줄게요. 당신들이 무엇을 잘못했는지, 내가 말했던 것이 어떤 의미였는지를 다시 알려 줄게요." 그리고는 그들은 또다시 이해받기 위해 노력한다. 모든 간섭형 관리자들은 항상 조직을 이런 식으로 이끌어 왔다. 당연하게도 전혀 효과가 없었다.

오늘날의 조직에 있는 젊은 사람들은 이전보다 훨씬 더 똑똑하고 지적이다. 그들은 매우 뛰어나지만, 한편으로는 또 다른 것을 의미한다. 이전보다 더 독립적이고, 개인적이며, 예민하다는 것이다. 그들은 이전의 사람들이 1940년대의 생산라인을 따라 움직였던 것처럼 그 라인을 그대로 따르려 하지 않는다. 그저 시키는 대로 명령에 따르고 로보트처럼 움직이지 않는다. 우리는 이것을 알아야 한다. 우리가 이전에 알던 세상은 완전히 다른 세상으로 변했다. 그것이 바로 무간섭형 관리자들이 간섭형 관리자보다 절실히 필요한 이유이다. 그리고 코칭이 조직에서 중요해져 가고 있는 이유이다. 코칭을 통해 일터에서는 진정한 대화가 오고갈 수 있다.

우리는 사람들을 커뮤니케이션 과정에 참여시킬 수 있다.

코치로서 우리는 직원들에게 이렇게 물을지도 모른다. "당신의 삶은 어떻습니까? 현재 일어나고 있는 일들에 대해 설명해 봐요. 이 상황에서 당신이 맡은 역할은 무엇이죠? 그리고 이 사건을 통해 무엇을 발견했나요? 나에게 전부 다 설명해 봐요." 가장 효과적인 코칭의 기술은 우선 질문들을 통해 사람들의 마음을 열고 그들이 사물들을 바라보는 관점에 대해 관심을 갖는 것이다. 그리고 관리자인 우리가 그들에게 이런 관심이 있다는 것을 알게 하는 것이다. 우리는 이런 관심에서부터 코칭을 시작해야 한다. 일어나는 일들에 대해 우리 멋대로 해석하고 가정해 버리면 안 된다. 이런 행동은 충고와 생색내는 것에 불과하다. 보수적인 부모 밑에서 자란 어린이에게 나타나는 양상 또한 간섭주의 관리의 한 예이다. 이것은 군대식 리더십을 따르는 방법으로 이 시대에 적용할 수 없는 방법이다.

코칭은 분명 효과가 있다. 왜냐하면 사람들의 감정과 생각에 직접적으로 연결되기 때문이다. 우리가 두 사람을 앉혀 놓고 한 사람이 다른 사람을 코치하도록 해 보자. 둘 사이에는 분명 자신의 동기와 목적에 대한 상호 교류가 일어날 것이다. 두 사람은 서로에게 좋은 결과를 이루기를 원할 것이다. 그래서 그들은 함께 일하기 시작한다. 함께 시간을 보내고 머리를 맞대어 서로에게 좋은 결과를 이끌어낼 수 있도록 노력하는 것은 그들로 하여금 더욱 신선한 아이디어를 생각해낼 수 있도록 돕는다.

　또한 코치는 다음과 같은 질문을 할 수 있다. "한 손으로 공을 드리블 하면 어떻게 될까요? 한 손으로 우리가 만들어낼 수 있는 것이 무엇이 있겠습니까?" 그러면 질문을 받은 사람은 이렇게 대답할지도 모른다. "아시다시피 나는 왼손을 자유자재로 사용할 자신이 없어요. 오른손으로 드리블 하는 게 더 효과적인 방법이라 생각해요." 만약 상대방이 이렇게 대답을 한다면 우리는 다음과 같은 말로 코치를 시작할 수 있다. "그렇군요. 이해합니다. 나도 예전에는 왼손을 잘 사용하지 못했어요. 그런데 오른손만 사용하다 보니 쉽게 공을 빼앗기더라고요. 그래서 생각했어요. 내가 왼손과 오른손을 함께 사용하여 드리블 하는 방법을 배우지 못하면 계속해서 공을 쉽게 빼앗기거나 놓치게 될 것이라고요. 그래서 저는 계속해서 두 손을 이용한 드리블을 연습했습니다. 그리고 어느 순간 왼손도 오른손과 마찬가지로 자유롭게 조종할 수 있게 되더라고요. 코칭도 마찬가지입니다. 어렵다고 생각하지 말아요. 배우는 과정은 쉽지 않겠지만 이것에 익숙해지면 우리는 훨씬 더 좋은 결과를 얻을 수 있게 될 것이니까요. 자, 이제 코칭을 받을 준비가 되었나요?" 그 사람이 좋다고 대답한다면 마지막으로 이 말을 꼭 해주어라. "내가 당신을 코치하려는 이유는 당신이 가진 무한한 가능성을 함께 발견하기 위해서입니다."

## 코칭이란 '무엇이 가능한가?'에 관한 것이다

가능성! 코칭은 가능성에 관한 이야기이다. 코칭은 사람들이 제한되어 있다고 생각하는 사고방식으로부터 그들을 해방시켜 새로운 가능성으로 이끌어준다. 당신에게 결과를 보고하는 대부분의 많은 직원들은 제한된 그들만의 상상의 세계에 갇혀 있을지도 모른다. "나는 이 부서에서 제대로 일을 할 수 없어요. 사람들은 전혀 내 말을 듣지 않습니다. 나는 사람들과 제대로 커뮤니케이션을 할 수 없어요." 그들은 조직에 대한 이런 잘못된 오해를 진실로 오해하고 있다. 그래서 그들은 쉽게 자신을 제한하는 길에 서게 된다. "나는 모든 내가 할 수 있는 것을 다 해 봤지만 결과는 여전히 실패였습니다."

코칭이 제공하는 첫 번째 기회는 바로 이들을 자신이 제한한 곳으로부터 자유롭게 해방시켜 주는 것이다. 그들은 코칭을 통해 자신이 제한한 세계에 대해 도전하게 된다. 그래서 그들은 무제한의 상상력 속으로 빠져들게 될 것이다.

새롭게 시작하는 이들에게는 가능성이 무궁무진하다.

그러나 전문가들의 마음에서는 가능성을 찾기가 쉽지 않다.

— 선류 스즈키 Shunryu Suzuki —

무간섭형 관리자는 불교에서 말하는 '초심'을 중요시 한다. 즉 뭐든지 불가능한 것은 없다는 생각에서부터 출발한다. 만약 당신이 사람들을 스스로가 속박한 제한에서부터 드넓은 가능성의 세계로 이끌기 원한다면 그들에게 이렇게 말해 줘라. "무엇이 가능한지 함께 살펴봅시다. 당신은 오른손을 사용하는 것만큼 왼손을 자유자재로 사용할 수 있나요? 지금은 그렇게 하지 못하더라도 앞으로 그렇게 될 수 있다는 것을 믿고 있습니까? 왼손까지 사용하여 더 숙련된 자리에 당신이 설 수 있도록 훈련받을 준비가 되어 있나요? 이것이 가능하다는 것을 믿습니까?"

이렇게 물어보고 그들의 대답을 들어라. 그들은 아마도 "아시다시피 나는 이런 훈련을 받아본 적이 없어요."라고 말할 것이다. 바로 그 제한이 문제이다. 그러나 우리는 이런 제한된 생각까지도 이해해 주어야 한다. 왜냐하면 우리도 분명 그러한 생각을 갖고 살던 시절이 있었기 때문이다. 그들에게 우리도 그와 같은 생각을 하고 살았던 적이 있었다고 경험담을 들려줘라. 유능한 코치로서 사람들에게 이렇게 말하지는 않을 것이다. "나는 당신보다는 훨씬 더 나았어요. 내가 당신에게 코치해 줄 수 있는 것도 내가 당신보다 월등하기 때문입니다." 이것은 충고를 하는 전문가들의 소리이지 파트너로서 코치해 주는 사람이 할 말이 아니다. 충고는 효과적이지 않다. 사람들은 충고대로 움직이지 않는다. 분명히 충고나 조언을 구하기는 하겠지만 말이다. 코치는 사람들이 다음과 같은 말을 들을 때에나 충고나 조언을 해 준다. "말해 주세요. 당신이 나라면 어떻게 하겠습니까?"

코치를 받는 사람이 이렇게 묻기 전까지는 우리는 그저 천천히 코치를 진행시켜 나가면 된다. 그저 천천히 그 사람이 코치를 이해하고 받아들일 수 있도록 기다려 주어라. 그들은 궁극적으로 코칭이 자신들을 위한 것임을 깨닫게 될 것이다. 그리고 이런 인식과 자각은 그들의 행동 변화를 불러일으킬 것이다. 전문가들의 충고가 변화를 일으키는 방법은 거의 동정과 비슷하다. 그러나 코칭은 사람들에게 동기부여를 제공함으로써 그들의 행동 변화를 만들어 낸다. 분명 어떻게 행동하라고 지시하지도 않았는데도 불구하고 사람들이 행동의 변화를 가져오는 것을 볼 때 이것은 참으로 아이로니컬하기도 하다. 그러나 이것이 바로 무간섭형 관리방법의 힘이다. 일일이 간섭하지 않고도 더 많은 것을 바꾼다. 오히려 우리의 간섭을 과정에서 제거할 때 성과들은 더 크게 향상되는 것이다.

우리는 땅 위에 피어 있는 꽃들이 빨리 성장하도록 손으로 꽃을 들어 올리지 않는다. 물론 그와 같은 방법을 직원들에게 할 수는 없을 것이다. 무간섭형 코치는 직원들이 무엇을 할 수 있는지를 볼 수 있게 해 주는 대화이다. 그리고 '아하'라고 손뼉을 치며 그들이 할 수 있는 것을 발견한 것에 대해 기뻐하고 감사해 할 수 있도록 만드는 과정이다.

## 그들을 이해하기 위해 질문할 때의 주의사항

　무간섭주의 관리방법은 테크닉이 아니다. 이것은 가능성이 흘러나오는 내면의 장소를 발견하는 것이다. 직원들이 가진 재능을 계속해서 강조하고 반복하기 위한 첫 번째 원칙은 그들의 이야기를 듣고 이해하는 과정이다. 코치를 받는 사람이 무언가에 대한 두려움을 갖고 있거나, 회사의 어떤 부서에 안 좋은 감정을 갖고 있어서 마음을 충분히 열지 못하고 자유롭게 의사소통을 하지 못한다면 코칭을 시작하기 전에 이 사실에 대해 충분히 인지해야 한다. 사람들이 마음과 감정을 숨긴 상태에서 코칭은 불가능하다는 것을 말이다. 그들이 품은 악한 감정들을 우리에게 속이고 공유하려 하지 않는다면 어떻게 대화가 가능할 수 있겠는가? 어떻게 완전한 변화가 만들어질 수 있겠는가?

## 코칭의 결과는 무엇일까?

　더 나은 행동? 높은 생산성? 관리자로서 우리가 원하는 것?
　모두 틀렸다. 그것은 우리가 코칭을 통해 얻을 수 있는 두 번째로 중요한 결과이다. 좋은 코칭이 가져오는 가장 중요한 결과는 바로 우리가 코치하는 사람들이 원하는 목표를 더 빨리 얻을 수 있도록 도와준다는 것이다. 이것은 우리가 얻는 것과는 전혀 관련이 없다. 이것은 코칭에 있어서 매우 중요한 것이다. 우리가 원하는 것보다 코치를 받는 사람이 원하는 것과 필요로 하는 것에 초점을 두는 것이 바로 코칭의 핵심이다. 다시 한 번 말하지만 우리가 누군가를 코치 할 때 가장 중요한 목적은 그 사람이 자신의 인생 목표를 빨리 찾을 수 있도록 돕는 일이다. 관리자인 우리나 회사에 더 좋은 것을 얻기 위해서 그들을 가르치는 것이 아니다. 그러한 것들을 강요하는 것은 역효과만 날 것이다. 늘 직접적인 충고나 강요는 사람들의 반발심을 가져온다. 즉 우리가 원하는 것의 반대방향으로만 결과들이 흘러가게 될 것이다.

코칭이란 우리의 간섭을 통해 이루어지는 것이 아니다. 이것은 무간섭주의 방법이다. 그렇기 때문에 효과가 있는 것이다. 사람들에게 회사를 잘 섬길 수 있는 방법, 팀의 향상을 위해 기여할 수 있는 방법, 상사인 우리를 즐겁게 해 줄 수 있는 방법들을 알고 있다고 말한다면 그들은 그러한 말에 절대 귀를 기울여 듣지 않을 것이다. 이런 말들로는 그들과 우리를 교감시킬 수 없다. 전에도 말했다시피 사람들은 자신의 합리적인 이익을 추구하기 위해 앞으로 나아가기 때문이다.

그러므로 코칭의 목표는 관리자가 직원들의 내면의 깊은 욕망을 끌어내어 그들이 원하는 것을 효율적으로 성취할 수 있도록 돕는 것이 되어야 한다. 그렇기 때문에 우리는 그들과 대화를 해야 한다. 그리고 대화를 시작하기에 앞서서 그들에게 이런 대화에 대해 진정으로 마음을 열기를 원하는지에 대해 확실히 해야 한다. 무간섭형 코칭이란 우리가 원하는 대로의 방향을 이끌어내는 노력이 아니다. 그것을 깨닫는 것이 바로 관리자로서 우리가 지향하는 목표이다.

사람들과 잘 어울리지 못하는 사람을 코치한다고 가정해 보자. 우리는 절대 그 사람을 다른 사람들과 잘 어울려야 한다고 가르치거나 훈련하면 안 된다. 그러한 말을 듣기 전에 그 사람은 이미 다른 사람들과 잘 어울리는 것을 간절히 원하고 있을 것이다. 또한 그의 노력 여하에 따라 이것은 분명히 가능한 일이다. 그렇기 때문에 굳이 그에게 이런 조언이나 충고를 할 필요가 없다. 대신 우리는 그 사람과 그의 삶에 대해서만 이야기하면 된다. 다른 사람들과 더 잘 어울리고 효과적인 커뮤니케이션이 가능하다면 그 사람의 삶이 얼마나 더 향상될 수 있는지에 대해서만 이야기하면 된다. 우선 그 사람의 이야기를 들어 보아라. 그는 아마도 이렇게 말할 것이다. "아시다시피 나는 직장에서 존중 받고 싶어요. 나는 사람들이 나를 존중해 주고 인정해 줬으면 좋겠어요. 그리고 나는 커뮤니케이션이 많이 서툴러요. 그래서 매번 나는 사람들에게 여러 번씩 찾아가서 다시 설명해 줘야 해요. 한 번에 의사소통이 효과적으로 이루어진다면 얼마나 좋을까요?" 이런 식으로 그는 계속해서 말할 것이다. 이렇게 계속해서 이야기를 하는 동안 그는 어느새 자신이 원하는 것이 무엇인지 그리고 왜 그것을 원하는지에 대한 이유를 말하고 있을 것이다. 우리가 사람들을 코치하면서 그들의 마음을 활짝 열려면 그들에 대한 칭찬과 관심만큼 좋은 수단도 없을 것이다. 그들은 수치화된 회사의 목표치들로 리드되는 것을 원치 않는다. 또한 그들이 원하는 것은 불필요한 우리의 충고도 아니다. 이런 것들은 결코 사람들에게 동기를 부여할 수가 없다. 만일 코치를 받고 있는 사람이 당신에게 쉽게 마음을 열고 이야기하려 하지 않는다면 이렇게 물어 보아라. "당신은 일들이 어떻게 진행되었으면 좋겠습니까? 만일 당신이 마술을 부릴 수가 있다면 사람들을 어떻게 변화시키고 싶나요? 당신의 가장 이상적인 목표는 무엇이며 다른 사람들과 교감하기 위해 가장 필요한 것은 무엇이라고 생각합니까? 우리 함께 이런 질문들로부터 시작해 봅시다. 나는 당신이 이상적으로 생각하는 전체적인 그림을 발견할 수 있도록 돕기 위해 최선을 다할 겁니다."

  이런 말을 들은 사람들은 곧 우리에게 자신의 이야기를 시작할 것이다. 그가 원하는 것은 바로 무간섭형 관리자가 원하는 것과 똑같다. 우리가 그들의 가능성과 잠재력을 함께 공감해 주고 확신시켜 준다면 그들의 잠재력 발현을 통한 성공은 곧 우리의 성공으로 되돌아오기 때문이다. 그들 또한 코칭을 하는 도중에 이것이 그들의 삶에 있어서 얼마나 큰 도움이 될 수 있는지를 깨닫게 될 것이다. 이것은 정말 감격스런 순간이다. 그들이 이런 생각으로 마음을 열고 자신에 대해 이야기할 때에 우리는 그들을 좀 더 효과적으로 코치할 수 있게 되기 때문이다.

> 다른 사람의 말을 주의 깊게 들어 봐라. 그것은 그들이 하는 말만을 듣는 것이 아니라
>
> 그들의 마음속에서 일어나는 감정의 전체를 이해하는 것과 같다.
>
> – 지두 크리슈나무르티 Jiddu Krishnamurti –

우리는 또한 무간섭형 코칭을 통해 다른 사람들의 목표가 우리의 목표와 어떻게 일치될 수 있는지를 깨닫게 된다. 만약 그렇지 않다면 당신이 충분히 듣지 않았다는 뜻이다.

코치를 받는 사람이 말하기를 "나는 다른 사람들과 좀 더 효과적인 의사소통을 하고 싶어요. 그래서 그들이 내가 의미하는 바가 무엇인지를 제대로 이해하고 일할 수 있었으면 좋겠어요."라고 한다면 우리는 그 사람뿐만 아니라 그 사람의 동료들까지도 함께 코치할 수도 있다. 우선은 그 사람들을 찾아가 함께 이야기를 나누고 그들의 반응을 노트에 기록하라. 이렇게 간단한 방법으로도 우리는 충분히 그들을 코치할 수 있다. 왜냐하면 우리가 그들이 원하는 바를 주의 깊게 들어주고 있기 때문이다.


## 간섭주의 관리 시스템이 효과적일 수 없는 이유

간섭주의 관리방법은 절대 코칭이 될 수 없다. 그들의 방법은 그저 다른 사람들을 어떻게 다스리고 쓸데없는 충고만 해주는 것이

기 때문이다. 관리자들은 이런 방법으로 사람들을 주눅 들게 만들고는 마지막으로 이렇게 이야기한다. "그냥 직접 가서 해 보는 것이 어때요? 그냥 사람들이랑 부딪혀 보라고. 일하다 보면 괜찮아지겠지." 이런 말을 마치고 관리자가 걸어 나가면 이 말을 들은 사람은 혼잣말로 이렇게 이야기할 것이다. "그럴 줄 알았어. 저 사람은 내가 한 말을 전혀 못 알아듣잖아. 마치 내가 그 사람들에게 가기만 하면 문제가 저절로 해결되기라도 할 것처럼 말하는군. 그 사람들과 어떻게 하면 문제들이 해결될 수 있는지는 전혀 알지도 못하는군. 나는 이미 그들과 마지막으로 합의를 해보려고 시도했다고. 그런데도 그들은 전혀 반응이 없었어. 그런데 왜 이 말을 듣고도 이해하지 못하고 계속 한 얘기만을 반복하기만 하는 거야?"

사람들이 상사에 대해 이런 식으로 생각하기 시작하면 그 문제는 해결이 안 될 가능성이 더 높아진다. 이 문제는 이제 사람들과 어울리지 못하는 직원만의 문제가 아니라, 거만하고 근거 없이 충고만 하려 드는 관리자의 리더십까지 확대된다. HR에 관한 연구에 따르면 직원들이 일을 그만두려는 이유의 대부분이 관리자 때문이라고 한다. 이것은 전혀 놀라운 일이 아니다.

우리가 사람들을 다스리려 하고 간섭하려 들 때 문제는 더 커지기 마련이다. 사람들에게 명령하고 순위를 매기고 그들의 결정을 간섭하려 할 때 그들은 우리에게 더 방어적이 된다. 혹시 그들을 비난하고 있는가? 이것은 그들에 대한 위협이다. 이런 접근에서는 존중이나 신뢰를 얻을 수 없을 뿐 아니라 사람들을 불안정하게 만들 뿐이다. 때때로 관리자들은 사람들을 협박한다. 그래서 관리자들이 지시하고 있는 잘못된 방법들로 그들을 몰아갈 수도 있다. 그들은 이것을 거부하거나 그러한 방법이 옳지 않다고 근거를 들어 이야기할지도 모르겠다. 그런데 더 심각한 문제는 그저 관리자가 하는 말을 조용히 듣고 있다가 "맞아요. 당신 말이 전부 옳아요. 좋은 방법이네요. 그렇게 해요."라고 수긍할지도 모른다는 사실이다. 그리고 관리자가 밖으로 나가 버리면 그때서야 부서의 사람들에게 당신에 대한 험담을 하고 있을지도 모르겠다. 그런 의미에서 간섭주의 관리 시스템은 결코 효과적이 될 수 없다. 이것은 권력에 의존하는 것이지 팀원들과의 능력과 힘을 공유하여 서로에게 좋은 결과를 이끌어낼 수 있는 방법이 아닌 것이다.

나는 권위와 권력에 대해 이야기한 적이 있다. 간섭형 관리자는 사람들이 좀 더 향상되고 달라진 모습으로 변화되기를 바란다. 그들은 늘 사람들에 대한 큰 기대를 갖는다. 하지만 어김없이 그들에게 실망만을 안겨다 줄 뿐이다. 이것은 매우 비능률적이다. 또한 사람들에게 에너지를 뺏는 방법이다. 반면 무간섭형 코치와 멘토들은 기대나 실망을 하는 법이 없다.

## 코칭에 대한 회사의 의견

나는 100개 이상의 회사와 함께 일해 왔고 대부분은 포춘 500대 기업에 속하는 곳들이다. 나는 그들의 내부 조직을 10년 넘게 코치 일을 해 왔다. 그러는 동안에 나는 한 가지 발견한 사실이 있다. 대부분의 회사들은 인간 관리를 이런 식으로 한다. 만약에 적자나 결핍이 조직 내에 발생하면 관리자들은 직원들의 목을 비틀어댄다. 그리고는 그들에게 왜 팀이 성과를 내지 못하는지에 대해 신랄한 비판을 한다. 무간섭주의 시스템을 이행하는 것에 대한 장점은 관리자들이 직원들에게 제대로 된 질문을 한다는 것이다. "우리가 어떻게 이 시스템을 창조했었나요? 우리가 해야 할 일에 대해 알 수 있도록 도와주는 새 시스템을 어떻게 고안해 냈었는지 기억납니까?

코칭은 하나의 체계이다. 코칭은 두 사람이 다른 길로 가기보다는 함께 더 좋은 길로 가기 위해 만들어진 약속의 체계이다. 그런데 이와 정반대의 현상도 엄연히 존재하고 있다. 사람들에게 회사의 이익을 실현시키는 데 가장 효과적으로 참여하도록 하기 위해 정신요법 등을 가함으로써 사람들을 분석하고 성격에 따라 분류하기 위해 노력하는 것이다. "저 사람은 꼼꼼한 사람이 아니야. 그리고 이 친구는 어떤 것에 굉장히 예민하지. 저 두 사람은 툭하면 싸운다. 역시 여자들이란." 간섭형 관리자는 이런 식으로 사람들을 재단하고 이름을 붙인다. 그러나 이것은 어떤 향상도 불러오지 못한다.

코칭이 아름다운 이유는 두 사람이 함께 대화하는 시스템이기 때문이다. 그래서 코치 받는 사람과 코치하는 사람은 자신들의 내면에 이미 존재하고 있던 힘들을 서로 연결시킬 수 있다.

복습해 보자.

- 우리는 우리의 지도를 받는 사람들을 이해하고자 한다. 그래서 우리는 그들이 보는 관점에 대해 물어본다.
- 우리는 그 사람에게 가장 이상적인 것이 무엇인지를 찾아낸다. 그래서 그 사람에게 이렇게 묻는다. "당신의 방식대로 어떤 것이든 할 수 있다면 당신이 원하는 방식은 무엇입니까?"

우리는 대화를 통해 부정적인 것은 긍정적인 것으로 전화하고 코치를 받는 사람의 창조력과 잠재력을 찾아내어 그 사람의 기분을 새롭게 전환시킬 수 있다. 모든 것은 더 높은 수준으로 향상된다.

나는 코칭의 과정이 개인에게 이전부터 숨겨져 있었던 재능과 실력들을 꺼내는 것임을 깨달은 후에 크게 놀랐던 적이 있다. 그리고 코칭은 이전에는 풀리지 않았던 문제들을 다양한 방법으로 해결할 수 있도록 돕는다.

— 존 러셀, 할리 데이비슨 유럽 총책임자

John Russell, Managing Director of Harley-Davidson Europe,Ltd —

코치를 위한 적절한 방도는 없다. 다만 무간섭주의 원칙을 통해 위대한 결과들이 코칭의 과정에서 나오는 것을 볼 수 있다. 그래서 사람들은 이런 결과를 보고 코칭에 대한 마음을 더 열게 될 것이다. 심지어는 대화를 하는 중간에도 코치에 대한 허락을 받을 수 있을지도 모른다.

나는 전문적인 풀타임 코치로 일하면서 가끔은 이런 사람들을 만나기도 한다. 몇몇의 사람들은 자신이 어떤 외부적인 사건에 대한 희생자라고 생각하면서 그 내막에 대해 설명한다. 그들은 또한 사람들이나 또는 환경이 그를 돕고 있지 않다고 이야기한다. "나는 그들과 이 문제에 대해 어떻게 해결해야 할지를 모르겠어요. 그들은 늘 항상 그래 왔거든요." 그러면 나는 이에 대해 이렇게 응답한다. "잘 알겠어요. 당신이 하고 있는 말 이해합니다." 만약 내가 그 사람과 좋은 관계를 만들어 왔다면 그 사람은 내가 그 사람의 마음을 이해했다는 말을 믿을 것이다. 이런 식으로 그의 마음이 열리기 시작했을 때 나는 그에게 묻는다. "이제 코칭에 대해 마음을 열었나요?" 그러면 그가 잠시 앉아서 생각하다고 곧 이렇게 대답한다. "네, 준비되었습니다."

당신이 이런 질문을 할 때 사람들은 이 질문에 대해 신중히 생각해 본 후에 이렇게 대답할 것이다. 그래서 그들은 이제 신선한 방법으로 들을 온전한 준비가 되어 있다. 그는 곧 코칭을 열린 마음으로 받아들인다. 그런데 만일 상대방이 충분히 안정되고 들을 준비가 되지 않았다면 우리는 짧은 충고들조차 피해야 한다. "아니에요. 나는 노력했어요. 그 방법은 벌써 해 봤다고요." 상대방이 이렇게 이야기를 했다는 것은 우리가 코치를 할 기본적인 조건을 놓쳤음을 의미한다.

우리는 효과적인 코치를 위해 사람들의 허락을 꼭 구해야 한다. 그들이 마음을 연다는 허락 없이는 대화도 있을 수 없다. 우리는 이것을 명확히 해야 한다. "내가 당신에게 지금 당장 코치를 하려고 하는데 그래도 될까요? 코치를 받을 마음의 준비가 되었나요?" 그 사람이 예스라고 말한다면 그는 심호흡을 가라앉히고 차분히 들을 준비를 할 것이다. 그러면 우리는 이제 이런 제안을 할 수 있다. "나는 내 인생에 있어서 진짜로 적용되었던 것을 당신에게 추천해주고 싶어요." 또는 "다른 사람들에게 적용했던 것을 추천해주고 싶어요. 충분히 시도할 만한 가치가 있는 일입니다."

우리가 추천해 주는 방법은 이미 간섭형 관리자들이 대충 했던 비난이나 충고 또는 그들을 다스리려는 내용과 비슷할지도 모른다. 그러나 이런 것들과 코칭의 차이점은 바로 그들이 코칭을 받기로 스스로 결정했다는 데 있다. 이것은 억지로 요구한 것이 아니다. 그렇기 때문에 그들은 이것을 감사하게 받아들이고 삶에 적용하기 위해 노력한다.

타이거 우즈는 이런 과정을 완벽히 보여주는 스포츠계의 훌륭한 모델이다. 그는 코칭이라는 말이 무간섭형 의사소통 시스템을 위해 가장 적합한 단어라는 것을 가르쳐 주었다. 타이거 우즈는 그의 코치와 함께 앉아서 그의 지난 경기 동영상을 보며 "뭐가 잘못되었지? 뭐가 보여요?"라고 묻는다. 그는 자신의 약점과 결점을 찾기를 원한다. 그의 코치는 한참을 들여다보다가 무언가를 발견하고는 말한다. "테입을 멈춰 봐. 바로 거기 부분 정지 시켜 봐. 어깨가 너무 굽었네, 타이거. 그 자세는 자네에게 맞지 않아" 이런 식으로 코칭이 계속된다. 그리고 타이거는 계속해서 성장한다.

이뿐만 아니다. 엔터테인먼트의 세계에서도 이것은 똑같이 적용된다. 많은 사람들이 연기, 대사, 목소리, 음정, 몸의 움직임 등에 관한 코치를 받는다. 오락에서 스포츠까지 모든 분야에 걸쳐서 이것은 꼭 필요한 과정이며, 코칭을 너무나도 당연한 것으로 받아들여진다. 왜냐하면 코칭은 분명히 그들에게 도움을 주기 때문이다. 두 머리가 하나보다 낫다는 옛말이 있다. 코칭은 사람에게 그들 자신을 객관적으로 볼 수 있도록 도와준다. 이것은 또한 우리 자신으로부터 한 걸음 나아가 더 높은 수준과 현명한 생각들을 할 수 있도록 도와준다. 그래서 코치를 받게 되면 우리는 이전에 했던 부정적인 사고방식의 습관으로부터 탈피할 수 있다. 그래서 성공은 코칭을 따라간다. 홈 디팟의 CEO인 밥 나델리는 이렇게 말했다. "나는 코치 없이 사람들이 최고조의 능력에 도달하는 것은 불가능하다는 것을 믿는다."

만일 우리가 바디 빌딩 콘테스트에 나가길 원한다면 우리는 우리를 개인적으로 훈련시켜 주고 코치를 해줄 트레이너를 구해야 한다. 그러한 사람들은 다른 사람들이 하는 것을 좀 더 나은 방향으로 지도해주기 위해 일하는 사람들이다. 그리고 코치와 코치를 받는 사람들이 함께 일하면 항상 두 사람에게 모두 좋은 결과를 가져온다. 더 좋은 결과가 의미하는 바는 무엇인가? 정확히 이야기하면 코치를 받는 사람이 더 높은 수행의 결과를 가져온다는 것이다. 코치를 통해 자신이 하는 것을 더 잘 하게 될 뿐만 아니라 그것을 더 즐길 수 있게 된다. 코치에게도 이것이 좋은 이유는 코치를 받는 사람들을 통해 자신 또한 큰 이익을 얻을 수 있기 때문이다. 사람들이 코치를 거부할 때는 이것이 불가능하다.

## 코칭 이후에 해야 하는 일은 무엇일까?

지금껏 우리는 일대일 코칭을 통해 나눌 수 있는 대화에 대해 이야기해 왔다. 그 대화는 10분이 될 수도 있고 두 시간이 될 수도 있다. 이것은 상황에 따라 다르다. 이제는 그 대화가 끝난 이후에 더 진행되어야 하는 과정들에 대해 살펴보자.

대화가 끝났다고 해서 우리의 책임이 끝난 것은 아니다. 반복적인 코칭은 결과를 더 나은 방향으로 이끌 수 있다. 사람들은 그들이 갖고 있던 성향이나 신뢰체계를 쉽게 바꾸려 하지 않는다. 그렇기 때문에 반복적인 대화는 성공적인 코칭을 위해 큰 도움이 될 수 있다. 처음 코치를 접해 본 사람은 지금껏 자신이 접해 보지 않은 전혀 새로운 경험으로 인해 굉장히 즐거워할지도 모른다. 그러면 우리는 그에게 코칭 이후 따라오는 행동과 의무들에 대해 이야기할 수 있도록 또 한 번의 허락을 구해야 한다. 그리고 그들이 이런 의무를 제대로 이행할 수 있는 유용한 방법들을 찾아내야 한다. 예를 들면 다음과 같다.

"우리가 2주 후에 만나 당신이 만들어낸 결과를 확인해 보는 것은 어떨까요? 그것이 당신에게 더 유용하고 도움이 될 수 있을 것 같아요. 또한 우리가 기대했던 길을 새로이 걸어가는 데 방해가 될 만한 일이 없는지도 확인해 볼 수 있지 않겠어요?" 열에 아홉은 좋다고 응답할 것이다. "나는 지금 막 내가 이전에 갖고 있던 생각에서 빠져나와 새로운 것을 받아들였기 때문에 금방 잊어버릴지도 몰라요. 그러니 다시 만난다면 무척 좋을 것 같아요. 감사합니다." 그들은 이제 과거의 모습을 버리고 새로운 삶에 대한 확신을 갖게 된 것이며 또한 당신을 신뢰하고 있는 것이다.

오늘날 대부분의 사람들이 쉽게 협력하지 못하는 이유는 그들이 가진 개인적인 성향이 매우 짙다는 것이다. 그래서 때때로 코칭을 받는 도중 사람들이 가진 잘못된 습관이나 상처들이 드러날 때마다 쉽게 공격적으로 변하거나 수동적으로 바뀔 수도 있다. 그렇기 때문에 대화가 끝난 이후의 사후관리는 새로운 시스템과 신뢰체계를 유지하기 위해 매우 중요한 일이다. 우리는 코치를 통해 그 사람의 내면이 밖으로 드러나 우리 모두가 원하는 방향으로 결과들을 만들어내기를 원한다.

사람들이 이제껏 결과만을 생각하며 살아 왔다면 코칭은 그러한 생각을 전환시킬 수 있도록 도와준다. 대신에 사람들은 일터에서 발생된 문제들에 대해 그들이 가져야 하는 현실적인 책임의식을 심어준다. 그렇게 되면 그들은 그러한 소식들을 긍정적으로 받아들일 수 있게 된다. 마치 코치가 와서 운동선수들에게 해 주었던 이야기처럼 말이다. "상대편이 자꾸 너의 공을 쉽게 빼앗는 이유는 네 왼손 드리블이 약하기 때문이다. 너는 항상 사람들이 몰릴 때 오른손만 사용하지? 상대편은 그것을 알고 있다고. 그래서 눈 깜짝 할 사이에 그들에게 공을 뺏긴단 말이지. 그러니 자네는 왼손을 좀 더 발전시켜야만 해." 이런 코칭은 운동선수들을 행복하게 만든다.


내가 아는 영업사원 트리나는 충분한 실적을 거두지 못한 것에 대해 심히 좌절하고 있었다. 내가 그녀를 만났을 때 그녀는 나에게 이렇게 말했다. "내가 원하는 건 아주 조금만 더 높은 실적이에요. 많이 바라는 것도 아닌데 항상 그 목표에 못 미쳐요. 그게 나의 가장 큰 결점이에요. 그래서 나는 일을 즐기지 못하고 항상 미루게 되요. 그리고 내가 중요하다고 생각하는 것만 하니까 계속 실적은

코치로서의 무간섭형 관리자

안 올라가는 거죠."

"좋아요. 그럼 당신은 일을 할 때 어떤 면을 가장 중요시 여기나요?"

내가 이것을 물은 이유는 트리나에게 있어서 실적이 의미하는 바를 이해하고 싶었기 때문이다. 그녀에게 실적을 올리는 일은 그저 두렵고 불편한 일일뿐 전혀 즐거워 보이지 않았다. 반면 그녀가 했던 그 밖의 다른 일들은 모두 재밌고 즐거워 보였다. 코치는 그녀의 생각 시스템을 이해해야 한다. "이 일은 재밌기도 하고 재미 없기도 해요."와 같은 낮은 결과물을 만들어내는 생각들까지도 이해하고 발견해야 한다.

나는 트리나를 코치하면서 약간의 돌파구를 찾았다. 그녀 또한 이것을 발견하기 시작했다. 그녀가 필요한 업무들을 자신의 일상적인 루틴으로 생각하고 그것을 매일 병행한다면 그녀는 쉽게 실적을 만들어낼 수 있다는 것을 깨달았다. 그렇다면 더 이상 그녀가 실적을 못 올리는 상황에 대해 고민할 필요도 없게 될 것이었다. 그녀의 해결책은 매우 간단했다. 그저 그녀가 세운 단순한 루틴을 따르기만 하면 되는 것이었다. 이것은 그녀가 스스로 결정한 것이었고 더 이상 실적의 가능성에 대해 궁금해 할 필요도 없을 만한 적절한 방법이었다. 그저 그 루틴을 따르기만 하면 되는 것이었다. 누군가와 새로운 루틴을 함께 계획할 때 코치는 이렇게 물어볼 필요가 있다. "루틴을 반복하다 보면 지칠 수가 있어요. 그러기 전에 당신이 가져야 할 책임감에 대해서 이야기해 드려도 될까요?"

"그렇게 해 주실래요? 그렇다면 저야 정말 고맙지요. 정말 좋은 생각이네요. 그 이야기를 잘 듣는다면 내가 새로운 루틴과 시스템을 유지할 수 있게 될 겁니다."

대화 이후의 사후관리 시스템에 대한 정해진 규칙은 없다. 때때로 나는 이렇게 말한다. "나는 당신이 매일 나에게 메일을 보내서 당신이 하루 동안 진행한 일에 대해 알려 주었으면 좋겠어요. 그러면 나는 당신의 이메일에 일일이 대답해 드릴 게요. '빙고, 잘 했어요. 계속 그렇게 하세요.' 라고 말이에요. 한 2주 정도만 그렇게 해요. 그래서 당신이 이 시스템에 대해 충분히 학습하고 복습해서 완전히 당신의 것이 될 수 있는 날까지요."

어느 날 우리는 상대방에게 이메일을 받지 못할 수도 있다. 트리나도 그런 적이 있었다. 그래서 나는 그녀에게 전화를 걸어 물어봤다. "무슨 일 있나요? 우리가 약속한 것은 잘 진행되고 있어요? 확인 메일이 없어 전화 드렸어요."

"아, 내가 메일을 보내려고 앉아 있는데 갑자기 팀장님이 팀원들을 전부 불러 모았어요. 우리는 곧 새로운 회사를 인수하게 될 거래요. 그래서 갑자기 새로운 과제가 산더미처럼 쌓였어요. 하루 종일 그것 때문에 정신이 없었어요."

그래서 나는 이에 대해 대답했다. "좋아요. 지금부터가 진정한 시작이네요. 당신이 코치받았고 행하기로 약속했던 것들을 적용할 수 있는 절호의 찬스예요."

## 무간섭형 관리의 또 다른 길

코칭을 진행하는 동안에는 상대방에게 어떤 책임을 구체적으로 요구할 필요가 없다. 굳이 삽입해야 하는 도구나 해결책, 커뮤니케이션 방법, 측정방법 등등 어떤 것도 필요하지 않다. 심지어는 사람들이 코치를 통해 배운 것을 좀 더 책임감을 갖고 이행할 수 있도록 사후관리를 제공할 필요도 없다. 그저 다음 번의 코칭 자리에서 당신이 지난 번에 그 사람에게 코치했던 내용을 다시 복습하기만 해도 좋은 방법이 될 것이다. 상대방에게 이렇게 말해라. "우리 지난 시간에 이야기한 것에 대해 복습해 봅시다. 복습은 반드시 당신에게 도움이 될 겁니다. 그리고 당신이 지난 시간에 배웠던 내용을 일주일 동안 적용하고 살았는지를 확인해 볼 수 도 있어요. 그러니 지난 주의 내용부터 시작해 봅시다."

이것은 코칭의 일관성을 유지하고 사람들이 지난 주에 대화한 내용을 잊어버리지 않도록 하기 위한 또 다른 방법이다. 코치로서 우리는 지난 주의 대화 내용을 쉽게 기억할 수 있다. 왜냐하면 코칭을 통해 우리가 얻을 수 있는 것이 무엇인지에 대해 잘 알고 있기 때문이다. 우리는 그들의 성공을 지지하는 사람이다. 그것이 바로 코칭의 목적이다. 그 사람이 좀 더 훌륭한 성과를 이루어낼 수 있도록 전문적으로 코치하고 협력하는 것이 바로 코치가 지향하는 진정한 목적이다.

## 즐겁지 않다면 코칭을 제대로 하고 있는 것이 아니다

무간섭형 코치는 알고 있다. 사람들이 잘 하는 것을 할 때 즐거울 수 있다는 사실을 말이다. 사람들이 하는 일을 더 잘 하게 될 때에도 거기에는 항상 즐거움의 요소들이 추가된다. 그래서 우리는 사람들이 자신이 하는 일을 즐길 수 있는 방법을 깨달을 수 있도록 도와줘야 한다. 그들이 과거에 비생산적으로 일을 했던 원인은 항상 근심 또는 스트레스와 연결되어 있다. 우리가 그들을 이런 것들로부터 해방시킨다면 그들은 자신이 맡은 업무를 더 잘 하게 될 것이다.

우리는 골프 게임을 보면서 이것을 확인할 수 있다. 또한 자동차 경주를 하고 있는 데일 언하트 주니어의 미소 짓는 얼굴을 볼 때도 이것을 확인할 수 있다. 걱정 없는 사람, 걱정보다는 즐거움을 더 느끼는 사람은 늘 성과가 좋다. 그리고 항상 승리한다. 반면 걱정이 많은 사람은 지지 않기 위해 경기를 한다.

코칭의 가장 위대한 성취 중 하나는 일터에 대한 두려움을 없애는 것이 얼마나 좋은 일인지를 밝힌다는 데 있다. 이것은 훌륭한 비즈니스 코치 중 한 사람인 에드워드 데밍 박사가 강의한 내용이다. 우리가 무엇을 하든 우리는 두려움을 없애야 한다. 왜냐하면 두려움은 항상 우리의 행동체계를 방해하기 때문이다. 그리고 코칭은 이를 해결하기 위한 가장 적합한 방법이다.

## 모든 일터의 시스템

  간섭주의 방법에는 늘 판단과 질책이 따라다닌다. 어떤 조직이나 가족이든 똑같이 적용된다. 우리는 어려서 가족들에게 훈계를 받으며 자란다. 그리고 군대에서도 이런 규율을 엄격하게 가르친다. 대부분의 기업들은 그들의 커뮤니케이션 방식이나 리더십 스킬에 대해 1930년에서 1940대의 군대식 관리 방법을 채택한다. 이것은 주로 부모와 아이 사이의 건강하지 않는 관계에도 포함된다. 무간섭 코칭은 이것과 전혀 다른 방법이다. 왜냐하면 코칭은 파트너십에서 출발하기 때문이다. 코칭을 하는 사람은 우선적으로 코치를 받아야 한다. 리더들이 본보기가 되지 못한다면 코칭 또한 불가능하기 때문이다.

  나는 다른 사람들의 삶을 위해 코치한다. 그러나 나에게도 코치가 있다. 나는 2주에 한 번씩 그를 찾아가 두 시간씩 코치를 받는다. 그는 매우 능력 있고 권위가 높은 매우 훌륭한 코치이다. 나는 내가 쓴 지난 책에서 나의 코치인 스티브 하디슨에 대해 이야기한 적이 있다. 그리고 그의 코치가 나의 삶을 어떻게 바꾸었는지, 이것이 나에게 얼마나 큰 도움이 되었는지를 설명하였다. 내가 코치를 받은 경험은 다른 사람들을 코치할 때에도 유용하게 쓰인다. 나는 종종 사람들에게 "나도 이런 문제에 대해 코치를 받을 적이 있어요. 그리고 나의 코치는 나를 이렇게 도왔어요."라고 이야기하곤 한다. 이 말을 들은 독자들은 이렇게 생각할지도 모르겠다. '코치하는 사람이 이런 이야기를 하다니, 참 나약한 사람이군.' 그래서 내가 코치를 할 만한 사람이 아니라고 생각할지도 모르겠다. 사람들은 흔히들 코치를 받는 관리자는 강인한 사람이 아니라고들 생각한다. 그러나 사실은 이의 반대이다. 코칭은 사람들을 강하게 만들어 준다. 그리고 더 좋은 것을 가질 수 있게 해 준다.

코치가 끝난 후 두 사람은 감정적으로 상승한다. 그리고 두 사람은 이를 계기로 더 긍정적인 사고방식과 정신을 일터에 가져올 수 있다. 항상 실망과 분노만 존재하였던 일터에서 이제 새로운 사고방식의 바람은 문제들을 하나씩 해결하게 된다. 성격 문제에서부터 사소한 감정의 다툼까지도 하나씩 해결하기 시작한다. 그리고 이 두 사람 사이에는 문제들이 새롭게 발생할 때마다 쉽게 돌파구를 찾을 수 있도록 돕거나 서로를 돌보고 신뢰할 수 있는 관계가 가능해질 것이다. 그러면 이 둘은 코치를 하는 시간을 점점 더 즐기게 될 것이다.

뭔가 아직도 코칭세션에 대한 두려움의 요소가 남아 있다는 생각이 든다면 우리는 더 많은 질문들을 차분히 물어봐야 한다. 많은 시간을 들인 코칭세션은 점점 더 순수한 철학적인 대화로 이끌고 갈 것이다. 우리는 상대방이 가진 문제를 적절히 표현할 수 있도록 질문들을 끊임없이 해야 한다. 그 사람이 자신만의 대답을 찾아낼 수 있을 때까지 이런 질문은 계속되어야 한다. 우리는 사람들을 코치할 수 있다. 그저 우리 자신의 모습이 되기만 하면 된다. 그리고 더 높은 것을 위해 노력해야 한다. 무간섭형 관리자로서 우리는 위대한 창조적 자유를 즐길 수 있게 될 것이다. 왜냐하면 무간섭형 관리자는 옳거나 그른 일에 대해 전혀 부담을 가지지 않기 때문이다. 그래서 무간섭주의자는 늘 성공한다.

### 제16장을 읽은 후 당신이 따라야 할 3가지 행동 단계 :

- 지금껏 당신을 관리자, 감독자, 리더라고만 생각한다면 오늘부터는 자신을 코치와 멘토라고 생각하라.

- 당신의 회사가 CEO나 상위 관리자들을 위해 외부로부터 코치를 고용한다면 거기에 참여할 수 있도록 하라. 이는 우리를 위한 것이 아니다. 전문가로부터 코치를 받음으로써 우리는 경험을 얻을 수 있다. 그리고 이런 경험을 당신의 조직에 있는 사람들에게 코치할 때 적용할 수 있는 도구로 사용할 수 있다.

- 누군가 당신의 조직에 있는 사람에게 당신을 위한 어떤 문제에 대해 코치해 달라고 부탁해라. 그와 함께 앉아 노트를 적어라. 그리고 코칭을 위해 완전히 마음의 문을 여는 것이 얼마나 기분 좋은 일인지를 느껴 보라.

| Epilogue |

Work is love made visible

일은 눈으로 볼 수 있게 하는 사랑이다.

− 칼릴 지브란 Kahli Gibran −